bup
BERLIN UNIVERSITY PRESS

weil zum Glück alle Menschen Mischlinge sind und Abweichler

Der große Irrtum
Die Erinnerungen des NSDAP-Mannes Friedrich Lodemann

Herausgegeben und kommentiert
von Jürgen Lodemann
Mit einem Nachwort von Harald Welzer:
»Das Prisma des Holocaust«

Berlin University Press

Der große Irrtum
Die Erinnerungen des NSDAP-Mannes
Friedrich Lodemann

Herausgegeben und kommentiert
von Jürgen Lodemann
Mit einem Nachwort von Harald Welzer:
»Das Prisma des Holocaust«

Erste Auflage im Januar 2009

Ausstattung und Umschlag
Groothuis, Lohfert, Consorten | glcons.de
Satz und Herstellung
Bernd Krüger, Berlin
Schrift
Borgis Joanna MT
Druck
DruckPartner Rübelmann, Hemsbach
ISBN 978-3-940432-48-3

Erster Großer Irrtum
oder wie ich zur NSDAP kam 13

Zweiter Großer Irrtum.
Die Ermordung der Juden 51

Nach der »Machtübernahme« 62

Im zweiten Weltkrieg 86

Die Briefe nach Berlin 93

Vor Parteigerichten 108

Kriegs-Ende und Nachkrieg 130

»Entnazifizierung« 143

Und heute? 151

Das Prisma des Holocaust
Nachwort von Harald Welzer 155

Der Kommentar von Jürgen Lodemann
ist in kleinerer Schrift wiedergegeben.

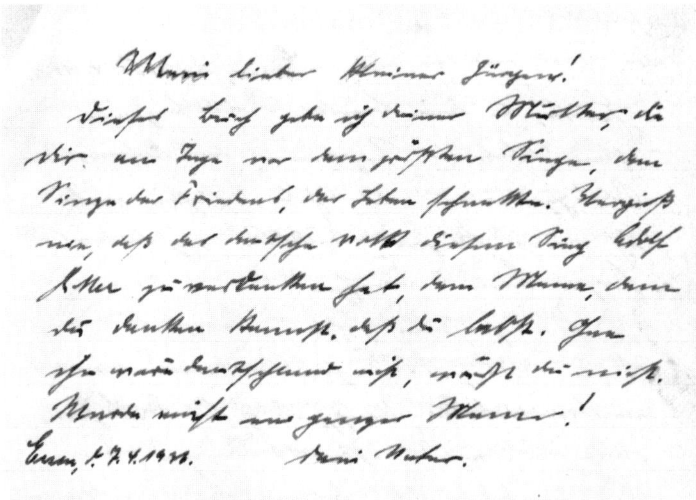

Mein lieber kleiner Jürgen!

Dieses Buch gebe ich deiner Mutter, die dir am Tage vor dem größten Siege, dem Siege des Friedens, das Leben schenkte. Vergiss nie, dass das deutsche Volk diesen Sieg Adolf Hitler zu verdanken hat, dem Manne, dem du danken kannst, dass du lebst. Ohne ihn wäre Deutschland nicht, wärest du nicht. Werde einst ein ganzer Mann!

Essen, d. 7.4.1936 Dein Vater.

Einführung von Jürgen Lodemann

Warum jemand entstanden ist, hat bekanntlich krauseste und zufälligste Ursachen. In meinem Fall gibt es Belege. Zum einen das, was hier ab Seite 67 berichtet wird. Zum anderen gibt es diesen ersten Eintrag in meinem Tagebuch. »Ohne ihn ... wärest du nicht.« Dass ich »ihn« nie vergessen möge, dieser Wunsch wird erfüllt. Aber was heißt »am Tage vor dem größten Siege, dem Siege des Friedens«? Am 28. März war ich auf die Welt gekommen. Gegen die Bestimmungen des Versailler Vertrags hatte Hitler am 7. März 1936 das Rheinland (mit dem Ruhrgebiet) besetzen lassen, also Gebiete, die offiziell noch französischer Militärmacht unterstanden – für viele war diese Besatzung ein Rest Weltkrieg gewesen, eine »Schmach«, ein letzter Konfliktpunkt mit dem »Erbfeind« Frankreich. Nun aber gab es offenbar einen Gefahrenherd weniger, gab es scheinbar eine Entwirrung, Entspannung, Erleichterung. Am 29. März 1936 (also am Tag nach meiner Geburt) waren Reichstagswahlen. Die Einheitsliste der NSDAP bekam offiziell 99 Prozent der Stimmen. Am 7. März hatte Hitler erklärt, dass er – nach der Besetzung des Rheinlands – »künftig keine territorialen Forderungen mehr« erheben werde. Eine seiner zahllosen Lügen. »Frieden«? »größter Sieg« – und zwar »des Friedens«? Hier rührt sich auch in meinem Vater die geheime Angst, Hitler bedeute Krieg.

Frühling 1941, unterwegs in Essen, zum Hügel »Heimliche Liebe«. Die Mutter fotografiert. »Meine fünf Männer, mein Mann zählt doppelt«. Der Griff des Vaters an meine Schulter ist mir unangenehm. Für einige war ich das »Geschenk an den Führer«. Oder »Der Solljunge«. Auch ich wünschte mir damals eine so tolle Uniform wie sie die großen Brüder trugen. Die mussten am Ende an die »Ostfront«. Der Jüngere noch im April 1945, er war gerade 17 geworden. Beide überlebten.

Friedrich Lodemann kam 1894 in einem Dorf bei Celle zur Welt, als ältester Sohn eines Bauern. An einem Celler Gymnasium machte er Abitur. Bei Kriegsbeginn 1914 meldete er sich zur Marine, als 19jähriger. Als Offiziers-Anwärter wurde er degradiert, weil er einen Vorgesetzten, der sich mit Zoten hervortat, geohrfeigt hatte.

Blieb daraufhin in den vier Weltkriegsjahren nur einfacher Matrose, unter anderem im Kesselraum eines Kanonenboots bei der sehr verlustreichen Seeschlacht am Skagerrak. Nach 1918 wählte er statt des Hof-Erbes ein Studium, studierte in Hannover Elektrotechnik, wurde Diplom-Ingenieur und kam zum AEG-Konzern nach Berlin, 1925 nach Essen. Dort heiratete er die neun Jahre jüngere Elfriede Siegmann, Rotkreuzschwester in der Bochumer Arbeiterklinik Bergmannsheil. Sie bekamen 1926 und 1928 je einen Sohn, als dritten, 1936, mich.

1930, in der extremen Arbeitslosigkeit der Weltwirtschaftskrise plagte ihn die Frage, welche Verantwortung der trägt, der in diese Welt Kinder setzt. Anfang 1931 wurde er Mitglied der NSDAP. Weil er wiederholt das Bonzensystem der Partei attackierte und schließlich in Schreiben an die Berliner Parteiführung den Verdacht formulierte, die Führer würden sich bereichern und würden lügen und der Weltkrieg sei von Deutschland begonnen worden, kam er 1943 und 1944 vor Parteigerichte. BBC, den »Londoner Rundfunk« hat er nie hören wollen (»Propaganda«). »Das Wichtigste im Leben ist Wahrheit.«

Nach 1945 stufte ihn die »Entnazifizierung« als »belastet« ein. Beim Elektrokonzern entlassen, war er arbeitslos, begann dann als Handelsvertreter, 53jährig. Politisch aktiv wurde er nie wieder. Er abonnierte von Beginn an den »Spiegel« und leitete die (erfolgreiche) »Essener Schachgesellschaft«. 1965, als 70jähriger, schrieb er den hier vorliegenden Text und gab ihm den Titel »Der Große Irrtum«.

1966 zog er mit seiner Frau aus dem Ruhrgebiet zurück in die Nähe von Celle, starb dort 1973. Von ihm erzähle ich in »Der Solljunge« und in »Lortzing«, indirekt im Vater-Sohn-Roman »Paradies, irisch«.

Im Sommer 1945 sehe ich ihn noch bei Celle an einem sommerlichen Bauerntisch. Auf dem Tisch liegen Schwarz-Weiß-Fotos, Bilder aus dem KZ Bergen-Belsen. Britische Besatzer hatten die Fotos verteilt. Er hat danach wochenlang geschwiegen. Auf langen Spaziergängen in der Lüneburger Heide, auf denen ich ihn begleitete – ich war neun – sagte er nichts. Nur einmal, im Mai 1945, weil wir hörten, wie in der Ferne die Glocken der Celler Stadtkirche läuteten und weil ich meinte, es sei doch heute kein Sonntag, sagte er »Es ist Frieden.« Das Verbrecherische der NS-Zeit hat ihn schockiert bis ins Verstummen. »Frieden« war das Hoffnungs- und das Angst-Wort gewesen, das er bei meiner Geburt in mein Tagebuch eingetragen hatte.

Seinen »Großen Irrtum« hätte er 1965 gern veröffentlicht. Damals reagierte ich radikal, inzwischen war ich 29 und »beim Fernsehen«. Meine Einwände galten seiner Blauäugigkeit, seiner Gutgläubigkeit, ich fürchtete, eine Veröffentlichung würde ihn bloßstellen. Unsere Debatten – mit langen Pausen – endeten oft damit, dass er sich zurückzog auf: »Es war das Gemeinschafts-Erlebnis.« – Jetzt, in dem Alter, in dem er 1965 gewesen ist, gebe ich seine Schrift heraus, unwesentlich gekürzt und mit Erläuterungen. Eine größere Kürzung war nur nötig am Schluss (»Und heute?«), wo seine Olympia-Schreibmaschine (gekauft im Olympia-Jahr 1936) mit verbrauchtem Farbband kaum mehr lesbare Schriftzeichen aufs Papier brachte und wo er einen weitschweifigen weltpolitischen Rundum-Kommentar formuliert, immerhin mit dem Ergebnis, dass es höchste Zeit sei – 1965! – nicht nur mit den Völkern des Westens zu Annäherung und Versöhnung zu kommen, sondern endlich auch mit denen des Ostens, vor allem mit Polen und Russen. Da wünscht ein Ex-»Nazi«, was dann sozial-liberale Politik wurde, Brandt und Bahrs »Wandel durch Annäherung«.

Es scheint, als ob sein Text bestätigte, was Götz Aly »Hitlers Volksstaat« nannte. Den Hitler-Staat schildert mein Vater von unten her, aus dem Ruhrgebiet, aus der Sicht eines, der lange Blockwart war. Der Nazi-Staat, den er schon in der NS-Zeit erbittert kritisierte als Tummelfeld für Profiteure, war für ihn anfangs ein Traum gewesen, eine Vision von Konfliktfreiheit, von »Volksgemeinschaft«. Die »Bewegung« war für ihn, den politisch Ungeübten, eine Hoffnung gewesen, ein Ausweg aus massenhafter Not.

Es ist inzwischen weit verbreitet, was zuletzt Harald Welzer in »Opa war kein Nazi« dargestellt hat als deutsche Verdrängungsleistung. In diesem Fall geht es um einen, der streitet das nicht nur nicht ab, dass er NS-Mann war, der besteht sogar darauf, dass er mitgemacht hat. Will aber unbedingt wissen, warum.

Den neuen Debatten der Enkel und Urenkel liefert sein früher Erklärungsversuch eine ungewöhnliche Antwort auf die Frage »Wie konnte man nur« (bei denen mitmachen). Diese Frage stellte er sich gleich am Anfang seiner Schrift. Nazi werden »konnte« man auch in idealistischer – typisch deutscher ? –Weltferne und Ungeübtheit. In seinem Fall führte das zum Absturz, zum Verstummen eines begeisterungsfähigen, eines grüblerischen Bauernsohns. Die Mörder hatten leichtes Spiel, mit Opfergeist und guten Menschen.

Erster Großer Irrtum oder wie ich zur NSDAP kam

»Meine Parteigenossen und ich lehnen es ab, auch nur einen einzigen Tropfen deutschen Blutes, das uns lieb und teuer ist, für die Eroberung fremder Völker zu vergießen, die uns ja doch nicht lieben werden.«

Das verkündete Hitler beim Abschluss eines Friedensvertrags, den er 1934 mit einem polnischen Marschall geschlossen hatte. Fünf Jahre später ließ er Polen von deutschen Truppen überfallen.

Der polnische Marschall war Josef Pilsudski, damals Repräsentant der Regierung Polens. Hitlers Worte fielen am 26.1.1934 beim Abschluss eines »Zehnjährigen Freundschafts- und Nichtangriffspakts mit Polen«. Mein Vater beginnt seine Schrift mit diesem Hitler-Wort wohl auch wegen der Formulierung »Meine Parteigenossen und ich – « – er fühlte sich 1934 von diesem Friedensbekenntnis offensichtlich wie befreit – entlastet – und später entsprechend übel hintergangen.

Diese beiden Fakten erhellen die Spannweite zwischen Hitlers Reden und Taten. Nicht nur sein eigenes Volk, alle Völker Europas wurden in einer Weise getäuscht, wie das in der Geschichte in diesem Ausmaß einmalig sein dürfte.

> Robert Jackson, Chefankläger im Schwurgerichtssaal Nr. 600 des Nürnberger Justizpalastes am 21. November 1945: »Wie eine Regierung ihr eigenes Volk behandelt, wird gewöhnlich nicht als Angelegenheit der internationalen Gemeinschaft der Staaten angesehen. Die Misshandlung Deutscher durch Deutsche aber überschreitet nach Zahl und Art der Fälle und Rohheit alles, was für die Zivilisation tragbar ist.«

»Auch ich sage jetzt Heil Hitler«, erklärte der englische Premier Lloyd George, als er kurz vor Kriegsbeginn von Hitlers Obersalzberg zurückkam. Lloyd George stand mit dieser Reaktion unter den Staatsmännern nicht allein. Solche und ähnliche Fakten, nämlich das Ausmaß und die Wirkung der Propaganda-Lügen sollte man, meine ich, endlich einmal ganz und gar zur Kenntnis nehmen.

In einer großen Ausstellungshalle in Essen hatte Hitler 1930 in einer Wahlkampfrede erklärt, er sei ein »fanatischer Nationalist«. Das tat mir weh. Das Wort »fanatisch« liebe ich nicht. Und als ich mir wenig später von der Essener Ortsgruppe der NSDAP sein Buch »Mein Kampf« geliehen hatte, tat ich, was man nicht tun sollte, ich habe in das Buch hineingeschrieben, unter anderem dort, wo der Autor verkündete, dass Deutschland keine Kolonien in Afrika benötige, dass es aber für den Verzicht auf Afrika Siedlungsland im Osten zu bekommen habe. An dieser Stelle schrieb ich in das Partei-Exemplar an den Rand ein »Nein« mit drei Ausrufungszeichen. Nicht nur, weil ich überzeugt war, dass Gebiete im Osten zwar militärisch zu erobern seien, aber niemals auf die Dauer zu halten, und dies schon einfach deshalb, weil es sich hier wie bei jeder Art von Eroberung um Unrecht handeln würde.

Später wirkte dann sein scheinbar weises Wort gegenüber dem polnischen Marschall wie eine Erlösung auf mich und ich wollte glauben, nunmehr hätte er sich also doch noch zu einem verantwortungsvollen Staatsmann entwickelt.

Wenn ich im Folgenden viel von mir berichten und zitieren muss, dann nicht, weil ich mich für so wichtig halte oder weil ich hier eine Art Rechtfertigung liefern möchte. Ich brauche keine Rechtfertigung, ich besitze genug Zeugnisse, die mich von Schuld freisprechen, auch als aktiver Nationalsozialist, der ich bis zum bitteren Ende gewesen bin. Nein, die Absicht die ich mit diesem Bericht verbinde, ist, einen kleinen Baustein für eine friedliche Entwicklung in Europa beizutragen, nichts weiter und nichts weniger.

Dazu gehört vor allem eine genaue Beantwortung der Frage: Wie konnte ich nur! Wie konnte fast ein ganzes als intelligent geltendes Volk sich dermaßen täuschen lassen. Und wie komme ich zu der Behauptung, die doch geradezu unverschämt erscheint, dass ich beinahe stolz sein möchte auf meine politische Vergangenheit. Diese Vergangenheit hat mich mit einer ziemlich ausgeprägten Widerspruchslust am Ende bis vor Parteigerichte gebracht. Heutzutage gehört kein Mut mehr dazu, ungewöhnliche Ansichten zu äußern, zum Glück. Nach so vielem Unheil hat unser Volk endlich eine demokratische Entwicklung genommen, hat eine Reife und Toleranz erlangt, die das Beste hoffen lässt.

Bis 1930 wusste ich so gut wie nichts vom Nationalsozialismus. Nach dem unsinnigen »Friedens«-Diktat von Versailles war unser Volk in eine Situation hineingezwängt, die verzweifeln lassen konnte, ich jedenfalls fand mehr und mehr, es sei für jeden Deutschen eine Pflicht, nicht nur nach einer Lösung Ausschau zu halten, sondern einen Ausweg auch aktiv herbeiführen zu helfen.

Vom Nationalsozialismus wusste ich bis 1930 nur, was darüber die Zeitungen brachten, und das waren fast immer Berichte von Radauszenen in Versammlungen und auf Straßen. Was die programmatischen Dinge betraf, so las man höchst Widersprüchliches, zum Beispiel einiges darüber, dass dieser Hitler mit dem Drucken von Staatskassenscheinen der allgemeinen Finanzmisere und der Arbeitslosigkeit zu Leibe rücken wollte.

Nach meiner Kenntnis musste ich einen solchen Weg für einen glatten Schwindel halten, der schon wieder zu einer Inflation führen würde, die wir doch gerade notdürftig überstanden hatten. Fast immer, wenn von Hitler und von seinen großen Versammlungserfolgen in München zu hören oder zu lesen war, auch von seiner Verteidigungsrede nach seinem Putschversuch, dann reihte ich ihn ein in jene Reihe von Lärmbrüdern und Großsprechern nach Art der damaligen volkstümlichen Karikaturen Knüppelkunze und Wulle, die ihre Zuhörer besoffen zu reden wussten, die aber Karikaturen waren und Witzfiguren und zu staatsmännischen Leistungen auf gar keinen Fall befähigt.

Der Wintersport war schuld. Am Südhang des Thüringer Waldes machte ich in einem Winter-Urlaub Bekanntschaft mit einem Skiclub, in dem nach meiner Beobachtung das lebte, was ich für eine sympathische, was ich für eine gelungene Gemeinschaft hielt. Ohne Rücksicht auf Stand und Herkunft waren da Fabrikanten und Angestellte beieinander, in einem winzigen Dorf spielte sich ihr vergnügliches Vereinsleben ab und ich will hier nur einen einzigen typischen Zug erwähnen. Einer von diesen Skifahrern studierte in München Theologie, ein zweiter Juristerei, und weil beide bei einem Fastnachtsfest im Smoking auftreten wollten und weil beide nur einen einzigen besaßen, tauschten sie um Mitternacht den Anzug und sangen dazu: »Und wenn wir alle nur eine Hose hamm', wir halten zusamm'.« Solch lockeres Zusammenspiel zwischen sehr verschiedenen Leuten wollte mir gefallen, auch wo es deftig wurde. Und obwohl diese Winterssportleute allesamt zu diesen Nationalsozialisten gehörten, waren sie doch, so meinte ich zu erkennen, Prachtkerle. Und ihre Partei, so bekam ich nun zu hören, hatte sogar ein Programm. Und da stieß ich zu meinem Entsetzen wieder auf die Sache mit den Staatskassenscheinen.

Armes Deutschland, dachte ich, beschloss aber, mich nun etwas genauer um die Währungs-Angelegenheit zu kümmern und begann zu ermitteln, wie sich derjenige, der in der Berliner Parteiführung für die wirtschaftlichen Fragen zuständig war, wie sich dort der Dipl.-Ing. Feder das tolle Manöver mit den Staatskassenscheinen gedacht hatte. Schon bei meinem Elektrostudium an der TH Hannover hatte ich nebenher ziemlich fleißig Volkswirtschaft studiert (z.B. bei Professor Göbel).

Angesichts der fürchterlichen wirtschaftlichen Lage

unseres Landes mit ihrer massenhaften Arbeitslosigkeit meinte ich, mich als Familienvater auch in ökonomische Angelegenheiten hineinknien zu müssen und tat dies nun auch mit den Plänen des Herrn Feder, tat dies so lange, bis ich eine ungefähre Vorstellung bekam, wie er das Dilemma tatsächlich zu bewältigen versuchte, und fand, dass er das ausdrücklich ohne ein erneutes Währungs-Fiasko schaffen wollte.

> Gottfried Feder, einer der Gründer der »Nationalsozialistischen Deutschen Arbeiterpartei«, war Inhaber des NSDAP-Parteibuchs mit der Nr. 1 (Hitlers Parteibuch hatte die Nr. 7)

Ich schickte dem Erfinder des Manövers mit den Bankkassenscheinen eine kurze kritische Stellungnahme. Antwort des Herrn Feder: Vielen Dank, meine Anmerkungen wolle er veröffentlichen. Ich war erschrocken und bat, davon Abstand zu nehmen, weil ich durch meinen Beitrag doch nur genauer hatte erfahren wollen, wie er und seine Partei sich diese oder jene Einzelheit konkret vorgestellt hatten. Immerhin sah ich mich nun gedrängt, mich da noch gründlicher hinein zu arbeiten, die Arbeitslosigkeit stieg ja vor 1933 immer weiter an und als einer, der soeben zum zweitenmal Vater geworden war, wollte ich die Zusammenhänge unbedingt begreifen. Meine Freizeit war von nun an vom sehr spröden Währungs-Thema ganz in Anspruch genommen, wobei ich mir als Familienvater sehr viel angenehmere Beschäftigungen vorstellen konnte. Den ökonomischen Dingen opferte ich fast alle Zeit und tat das damals nach dem Motto: »Handle so, als hinge allein von deinem Tun das Schicksal ab der deutschen Dinge und die Verantwortung wäre dein.«

Das stammt aus einem hochmoralischen Gedicht des Albert Matthäi (1855–1924), und zwar aus dem Mahngedicht »Fichte an jeden Deutschen«, das zu Neujahr 1922 als Nr. 8 von seinen sogenannten »Deutschen Wandsprüchen« erschienen war. »... trotz allem, allem, was geschehen, / handeln sollst du so, als hinge / von dir und deinem Tun allein / das Schicksal ab der deutschen Dinge / und die Verantwortung wär dein.«

Inzwischen hatte ich im Wahlkampf 1930 zum erstenmal diesen Parteiführer Hitler hören und sehen können. In die Kundgebung in der großen Essener Ausstellungshalle war ich mit dem festen Vorsatz gegangen, wählen wirst du ihn ja doch nicht, aber bevor man sich entscheidet, sollte man sich alle Parteien und Kandidaten angehört haben.

Und war dann doch einigermaßen überrascht. Das war ja gar kein Radauredner. Der sprach vor den versammelten Wirtschaftsleuten des Ruhrgebiets nicht nur ruhig und sachlich, der hatte, so fand ich, einige vorzügliche Argumente. Ich stieß mich zwar an dem vielen Gebrüll vor und nach seiner Ansprache, ich stieß mich auch an Hitlers Aussage, er sei »fanatisch nationalistisch«, auch noch andere Punkte irritierten mich. Aber schon damals meinte ich sowieso grundsätzlich erkannt zu haben, dass in diesen unexakten Zusammenhängen namens »Volkswirtschaft«

und »Politik« – anders als in meinem elektrotechnischen Bereich – sich sowieso zwischen zwei Menschen niemals eine auch nur annähernde Übereinstimmung der Anschauungen herstellen lässt. Und in dem für das Ruhrvolk so wichtigen Thema »Armut und Arbeitslosigkeit« schien es bei dieser Partei und ihrem Führer akzeptable und hilfreiche Ansichten und Vorschläge zu geben.

> Vor 120 000 Arbeitern der Krupp-Werke behauptete – log – Hitler 1936 – er redete von einer Lokomotive herab – : »Ich bin vielleicht der einzige Staatsmann der Welt, der kein Bankkonto besitzt. Ich habe keine Aktie, ich habe keine Anteile an irgendeinem Unternehmen und bekomme keine Dividende.« (Vergleiche hierzu aber die Anmerkung auf Seite 94 f.)

Unser zerrüttetes und ausgeplündertes Vaterland, davon war ich überzeugt, hatte es bitter nötig, endlich wieder das eigene Land lieb zu gewinnen. Die Deutschen mussten nach dem verlorenen Krieg und seinen widerwärtigen Schrecken endlich wieder die eigene Heimat schätzen lernen, jenes Land, das nun mal jedem von uns von Kindesbeinen an gegeben ist. Eine andere Haltung gegenüber der eigenen Herkunft erschien mir immer wie ein Verrat, wie schnödester Undank. Der verlorene Weltkrieg und die andauernden wirtschaftlichen Nöte hatten, so schien es, jede Vaterlandsliebe vollkommen abgekühlt. Allerdings darf die Liebe zum eigenen Land niemals zu Lasten der Nachbarn gehen, die ebenfalls Vaterland und Heimat lieben wollen und sollen – und auf eben diesem

Grund stand ja meine entschiedene Absage an den »nationalistischen Fanatismus« wie auch an alle anderen Arten von Radikalismus.

Zurück zu meinen volkswirtschaftlichen Überlegungen, mit denen ich den Leser eine Weile belästigen muss. Diese Art des Zugangs zur Hitler-Partei hat es ebenfalls gegeben und sie war, so meine ich, nicht untypisch. Meine Überprüfung der ökonomischen Thesen der NSDAP erwies sich als – zugegeben – qualvolle Arbeit, denn zu gleicher Zeit war ich als Ingenieur bei der Essener AEG stark in Anspruch genommen. In Europas größtem Industriebezirk, im Ruhrgebiet sollten Bergwerke und Stahlwerke mit elektrischen Anlagen versorgt werden, sollten mit den Fortschritten der Elektrotechnik produktiver und zugleich sicherer gemacht werden.

Bei meinem Nachdenken über die Stabilität der Währung glaubte ich allmählich erkannt zu haben, wie man den Schrecken dieser Zeit, wie man die fürchterliche Arbeitslosigkeit beseitigen könnte und müsste. Und in dieser Angelegenheit kam ich nun mehrfach mit Gottfried Feder zusammen. Doch auch mit ihm ergaben sich nicht unbedingt Übereinstimmungen. Nach etlichem Hin und Her erklärte mir Feder schließlich rundheraus: »Solange ich in diesen Dingen der Programmatiker der Partei bin, kann ich andere Auffassungen nicht gelten lassen.« Wenn er eines Tages mal nichts mehr zu sagen hätte, dann sollte ich es getrost bei Hjalmar Schacht versuchen.

Feders Wirtschaftstheorie benannte als Hauptübel
das Leihzinssystem des Kapitalismus und propagierte

die »Brechung der Zinsknechtschaft«, die Beseitigung des »raffenden Kapitals« zugunsten des »schaffenden«. (»*Der Staatsbankrott. Die Rettung*«, 1919)

Und in der Tat war es dann ja auch Dr. Hjalmar Schacht, der in den Anfangszeiten der NS-Herrschaft, der hauptsächlich seit 1934 als Reichswirtschaftsminister die ökonomischen und finanziellen Dinge geregelt hat.

Noch heute bekenne ich mich zu den Auslassungen, die ich in meinen ersten Jahren in der NSDAP verfasst habe, vor allem zu meiner Denkschrift über die Arbeitslosigkeit und ihrer Beseitigung. In einer 70 Schreibmaschinenseiten langen Abhandlung kam ich 1931 zu der Erkenntnis: »Derzeit leben 4 ½ Millionen Menschen, die Verkäufer ihrer Arbeitskraft sein möchten, die aber gleichzeitig auch wiederum Käufer der Arbeitskraft von 4 ½ Millionen Menschen sein könnten. Beide natürlichen Interessen können zueinander nicht kommen, die Millionen Käufer nicht zu den Verkäufern und umgekehrt – ein Zustand, eines Tollhauses würdig.«

Mir erschien es als Tatsache, dass die Weimarer Republik in dieser Frage von Grund auf versagt hatte. Und es ist nun mal auch eine unbestreitbare Tatsache, dass es im Gegensatz zu den Weimarer Politikern die Hitler-Regierung nach 1933 geschafft hat, dieses Problem zu lösen. Inzwischen weiß man, sie löste es dann auch mithilfe einer rigorosen Schuldenpolitik zugunsten der militärischen Aufrüstung, eines Militarismus, der anfangs mehr oder weniger geheimgehalten wurde. Aufrüstung habe ich in meinen schriftlichen Überlegungen ausdrücklich abgelehnt, denn abgesehen vom menschlichen Bankrott jedes Kriegs: Jede Aufrüstung, jede Kanone, jeder Panzer stört auch ökonomisch jedes währungspolitische Gleichgewicht und wirkt inflatorisch. Rüstung ist nun mal für das Volk in *jeder* Weise widersinnig. Auch volkswirtschaftlich bleibt Rüstung absolut nutzlos, nützt immer nur kurzfristig und immer nur sehr wenigen.

Jede Form von Arbeit, so versuchte ich in meiner Denkschrift zu erklären, jede Arbeit, ob im Büro oder an der Werkbank, beansprucht Lohn oder Gehalt und erzeugt über diesen Lohn Kaufkraft. Dagegen muss das, was Aufrüstung kostet, auf *alle* umgelegt werden. Was für die Rüstung erzeugt wird, das kann niemand kaufen und verwerten, es sei denn, er will Kriminelles tun. Jede in militärischer Rüstung erzeugte Kaufkraft geht, aufs Ganze gesehen, sinnlos verloren. Kürzlich kam dem Herrn Hochhuth im »Spiegel« ebenfalls die Erleuchtung, dass durch Rüstung der arbeitende Mensch um seinen Lohn betrogen wird, Hochhuth erklärte aber nicht, warum und wieso. Ob wir irgendwann mal jenen Idealzustand erreichen werden, in dem wir keine Waffen mehr benötigen, das ist so fraglich wie wir es uns ständig wünschen sollten und immer wieder zu erreichen versuchen müssen. Dazu zwingt uns auch schon die Zahl von 6 Milliarden Menschen, die inzwischen diesen Planeten bewohnen, woraus in wachsender Enge zwangsläufig mehr und mehr Konflikte entstehen werden.

…

Man wird meine damaligen Ansichten über Arbeit und Kaufkraft vielleicht als Binsenweisheiten abtun können, aber wieso hatte die Weimarer Republik keine besseren Schlüsse und Konsequenzen gezogen? Lange habe ich mich gefragt, warum erst unter Hitler die Arbeitslosigkeit beseitigt werden konnte. Freilich, das gelang vor allem mit der inflatorischen Rüstung. Aber warum haben wir in der Gegenwart, in dem jetzigen Jahr 1965 sogar das Gegenteil von Arbeitslosigkeit, warum haben wir derzeit Vollbeschäftigung?

Die Weimarer Republik und die Demokratie nach 1918 sind vom Versailler Diktat in den Tod gewürgt worden. Hätte damals bei den »Siegern« so etwas wie Weisheit geherrscht, dann wäre ein krankhafter und krimineller Scharlatan wie Hitler unmöglich an die Macht gekommen, daran gibt es für mich keinen Zweifel.

Ich weiß nicht, ob alles richtig und logisch war, was ich in meinem ersten Jahr in der NSDAP, was ich 1931 und 1932 erarbeitet, was ich mir geradezu erquält habe. Die nachfolgenden Zeiten haben immerhin erwiesen, dass ein Weg aus der Massen-Arbeitslosigkeit möglich war. Welcher Mensch war denn vor 1933 schon in der Lage, sich vorzustellen, zu welch verbrecherischen Aktionen diese interessante Bande der Lügner fähig war, dieses am Ende durch und durch mörderische Regime. Die Masse des deutschen Volkes war anständig, oder genauer: Die große Mehrzahl war ahnungslos. Ja, sie war blind, denn die Untertanenzeit des Kaiserreichs war nun mal alles andere als ein Übungsfeld gewesen, auf dem der »einfache Mensch« politische und demokratische Praktiken je hätte erlernen können. Unmöglich konnte die Mehrheit der Deutschen um 1930 eine Vorstellung haben von dem, was dann auf sie zukam und was es in diesem verbrecherischen Ausmaß bis dahin noch niemals gegeben hatte.

Wie sah sie im Einzelnen aus, die NS-Scharlatanerie. Ich erinnere mich immerhin an keinen einzigen NS-Versammlungsredner, der große Versprechungen für die Zeit nach der Machtübernahme verkündet hätte. Im Gegenteil, es wurde immer wieder und überaus wirkungsvoll an die *Opferbereitschaft* aller appelliert. Und vor allem: die *Volksgemeinschaft* wurde beschworen, geradezu im Predigtton. Die großen Parteitage in Nürnberg boten dann tatsächlich dieses wundervolle Bild einer offensichtlich klassenlosen Volksgemeinschaft, diese Bilder und Töne der Gemeinschaftlichkeit schienen mir erhebend und unvergesslich, diese Eindrücke ließen die Herzen der dort Jahr für Jahr versammelten Massen höher schlagen, auch meines.

Was in Nürnberg zu erleben war, das erschien mir als Erfüllung dessen, woran ich geglaubt, worauf ich gehofft hatte. Ich glaubte an das Ende des entsetzlichen, des unmenschlichen Klassenkampfes. Der Traum von einer *Volksgemeinschaft* schien endlich Wirklichkeit zu werden, Nürnberg war wie ein Erweckungs-Erlebnis, eines, das die zerstrittenen Menschen endlich zusammenbrachte. Im neuen Ideal des Miteinanders und der Kameradschaft schienen alle bislang immer wieder fanatisch herausgestellten Verschiedenheiten zwischen Unten und Oben, zwischen Arm und Reich wunderbar überwunden. Die Filme der Leni Riefenstahl haben diese Nürnberger Erlebnisse sehr richtig dargestellt, diese Filme liefern noch heute ein gutes Gespür von meinen damaligen Glücksgefühlen, eine Spur von der Großartigkeit dieser massenhaften Begeisterung. Aber von diesen Filmen zeigt unser Fernsehen höchstens mal ein Häppchen, als fürchtete man noch jetzt, dreißig Jahre danach, es könnte wieder ein Funke überspringen. Dabei gehört auch dieser wahrlich ergreifende allgemeine Jubel zur Wahrheit der Geschichte, auch diese Seite des NS-Staates darf nicht immer wieder nur verdrängt, verschwiegen und verdammt werden.

> Martin Heidegger am 19. September 1960 an den Studenten Hans-Peter Hempel: Er habe in den Dreißiger Jahren die Hoffnung gehegt, »dass der Nationalsozialismus alle aufbauenden Kräfte anerkennen und in sich aufnehmen werde ... Anfang der 30iger Jahre waren die Klassenunterschiede in unserem Volk für alle mit sozialem Verantwortungsgefühl lebenden Deutschen unerträglich geworden, ingleichen die schwere wirtschaftliche Knebelung durch den Versailler Vertrag. ... Die Verwirrung durch diese Zustände griff auch auf die Universitäten über.«

Man könnte nun sagen: Volksgemeinschaft und Kommunismus, sind das denn nicht verwandte Vorstellungen? Sicher sind sie das, aber es kommt darauf an, was in der Realität aus diesen Idealen entstand. Hitler erwies sich insofern als Realist, als er den Motor der Privat-Initiative unbedingt erhalten wollte. Und gerade deshalb, meine ich, kam er auch zu ökonomischen Erfolgen. Dagegen hat sich der kollektivistische, der gleichmacherische Kommunismus mit seiner Planwirtschaft mehr und mehr zu Tode gewurschtelt und wurschtelt noch jetzt,

im Jahr 1965

quält sich noch immer, und immer weiter und tiefer ins Debakel hinein, im pseudowissenschaftlichen Glauben an die Gleichheit aller.

Das Erlebnis der Volksgemeinschaft, nämlich einer Gemeinschaft der Verschiedenen, das überstrahlte nach 1933 alles andere. War es da ein Wunder, dass bei Abstimmungen nach 1933 mehr als 90 Prozent der Bevölkerung »Ja« sagten? Als NSDAP-Mann habe ich diese Resultate wiederholt selbst zu kontrollieren gehabt, es waren häufig weit *mehr* als 90 Prozent. Und mir geht es ja hier darum, diese mehr als 90 Prozent, diese schweigende Mehrheit, endlich in der Welt wieder gesellschaftsfähig zu machen. Es gilt zu beweisen, dass unser Volk keineswegs ein Volk von Verbrechern war und ist, sondern ein Volk von Betrogenen und Verführten. Auch jetzt noch, auch noch 20 Jahre nach 1945 geht es mir um die Überwindung des tief sitzenden Misstrauens gegenüber dem »Volk der Nazis«, geht es mir gegen die dümmliche Gleichsetzung Deutsche = Nazis = Verbrecher.

Da geht es zum Beispiel um das sehr berechtigte Misstrauen des russischen Volkes, dessen liebenswürdige Seiten ich unmittelbar nach Kriegs-Ende gründlich kennenzulernen hatte, 1945, in den Monaten unserer totalen Ohnmacht. Noch jetzt befindet sich die Sowjet-Union auf einem aussichtslosen Irrweg, wenn sie von Staats wegen immer noch der fixen Idee nachläuft, das Los der breiten Masse in einen paradiesischen Gleichheits-Zustand überführen zu können.

In diesem Zusammenhang geniere ich mich nicht, zum Beispiel wörtlich wiederzugeben, was ich am 12. Juli 1938 an die nationalsozialistische »Deutsche Arbeitsfront« schrieb.

»Ihr Rundschreiben Nr. 25/28 behandelt eine Aufgabe, die nach meiner Ansicht nicht gründlich genug gelöst werden kann. Ich nehme das Ziel vorweg: Die gesamte Jugendausbildung ist eine Angelegenheit des *ganzen* Volkes und das heißt, die Kosten für diese Ausbildung hat nicht der Einzelne, sondern das *ganze* Volk zu tragen. Hier gilt es, die letzten Reste von Klassenunterschieden zu beseitigen, um zur Solidarität in der Bevölkerung zu gelangen. Jeder von uns kommt aus dem Gesamtvolk und geht durch seine Kinder und Nachkommen wieder zurück ins Gesamtvolk. Wir alle haben als Volksfamilie für unsere Kinder aufzukommen. Und am Ende muss jeden deutschen Arbeiter das sichere Gefühl tragen, dass sein Kind – bei gleicher Veranlagung – genau die gleichen Aussichten und Zukunftschancen hat wie das Kind des reichsten Mannes.«

So hab ich das damals geschrieben, und weiter: »Mit dem Erlass des Schulgeldes und der Übernahme der Kosten für Schulbücher ist es nicht getan. Wird es für das Kind beim Besuch auswärtiger Fachschulen und Hochschulen unmöglich, im Elternhaus zu wohnen, muss die Übernahme der Kosten für Unterhalt und Wohnung hinzukommen. Selbstverständlich unter sinnvoller Kontrolle der Lernenden, damit nicht unnötig Zeit, Kraft und Geld verschleudert werden, und selbstverständlich immer unter einer vorausschauenden Berufsberatung. Jeder junge Mensch muss sorgfältig darüber aufgeklärt werden, in welchem Beruf er mit seinen speziellen Fähigkeiten zu seiner Höchstleistung kommen kann.

Wenn jeder auf diese Weise gefördert würde, dann käme auch unsere Volkswirtschaft zu Höchstleistungen. Und wenn dagegen eingewendet wird, dass dann, wenn alle Kinder, also auch Kinder aus mittellosen Schichten, zur bestmöglichen Ausbildung kommen sollen, große Kosten verursacht würden, so sage ich, man soll hier nicht von Kosten und von Opfern reden, sondern von Pflicht. Von der Pflicht, jedem in der Bevölkerung das Bestmögliche zu schaffen. Pflicht ist eine unserer schönsten deutschen Tugenden, ohne die werden wir den Nationalsozialismus unmöglich vollenden können.«

Götz Aly, Hitlers Volksstaat (Frankfurt, 2005):
»Immer wieder propagierte Hitler, was er für sich selbst in Anspruch nahm, den sozialen Aufstieg des befähigten Einzelnen, sei er in noch so ärmliche und bildungsferne Verhältnisse hineingeboren. Die Nationalpolitischen Erziehungsanstalten und die Adolf-Hitler-Schulen förderte er als Institutionen, die materielle und pädagogische Defizite ausgleichen sollten, ›damit auch der ärmste Junge zu jeder Stellung emporsteigen kann, falls er die Voraussetzungen dazu in sich hat.‹ ... Hitler 1938: ›Es muss in diesem neuen Deutschland von jetzt ab

> jedes Arbeiter- und Bauernkind ... emporsteigen können bis zur höchsten Führung der ganzen Nation.‹«(Vgl. aber die Anmerkungen auf S. 94)

All diese Fragen von Bildung und Ausbildung sind bekanntlich auch und erst recht heute, sind auch 1965 noch akut, ja, ich möchte behaupten, in diesen Fragen ist die sogenannte DDR derzeit der Bundesrepublik sogar beachtlich voraus, abgesehen von manchen überflüssigen Abwegen dort, die man der DDR-Jugend zumutet. Dogmen und Doktrinen werden auf Dauer zum tödlichen Laster. Wenn ich aber seit einiger Zeit vom Kreml her die grauenhafte Bezeichnung »Abweichler« nicht mehr höre, dann wächst in mir die Hoffnung, dass sie im Osten endlich zu vernünftigeren Einsichten kommen. Denn es ist doch klar: Alle Menschen sind von Natur aus Abweichler. Und es muss um das Beste in jedem Volk ständig neu gerungen werden und deswegen auch schon um das Beste für jeden Jugendlichen.

Als Ingenieur lange Abhandlungen über Bildung und Ausbildung zu schreiben und über Währungspolitik und Arbeitsbeschaffung, das war wohl doch ein gewagtes Stück, und ich war mir der Verantwortung sehr wohl bewusst. Ich studierte alle damals zugänglichen Darstellungen maßgeblicher Leute, nicht nur die von Feder, auch etwa die von Reichsbankdirektor Dr. Luther, und traf dabei immer wieder, wie ich fand, auf Unzulänglichkeiten und Hilflosigkeiten. Lösungen, die mir einleuchteten, wurden jedenfalls selten beschrieben, und nach 1930 näherte man sich in Deutschland bekanntlich der Zahl von

7 Millionen Arbeitslosen. Hitler fand ab 1933 unter anderem deshalb eine Lösung, weil er von dem schrecklichen Versailler Diktat eine Anordnung nach der anderen ignorierte, freilich auch deswegen, weil er, zunächst heimlich, die Rüstung forcierte.

Meine fortgesetzte Kritik an wirtschaftlichen und währungspolitischen Maßnahmen der Parteiführung brachte diejenigen, die mich nach 1945 zu »entnazifizieren« hatten, zu der Vermutung, ich müsse im Dritten Reich eine hohe Stellung eingenommen haben, denn sonst wäre doch, so schlossen sie, so viel Kritik glatter Selbstmord gewesen. Da war aber nichts mit einer hohen Stellung. Meine Art Idealismus verbot mir, auf dem Weg über die Partei irgendetwas für mich persönlich zu erreichen, meine Frau zum Beispiel klagte oft, dass ich Vergünstigungen ausschlug und zum Beispiel die sogenannten »Führerpakete« ablehnte. Auch eine Partei-Karriere hielt ich de facto für Egoismus. Meine Denkschriften über die Arbeitsbeschaffung veranlassten zwar die Gauleitung in Essen, mich in den Gauwirtschaftsrat zu holen, wo ich dann zeitweise als Kreiswirtschaftsleiter tätig war. Anschließend war ich Schulungsleiter einer Ortsgruppe, schließlich Zellenleiter, am Ende nur noch Blockleiter, arbeitete also schließlich nur noch in der Position des fast immer übel beleumundeten sogenannten Blockwarts, und tat das für viele Jahre, und zwar für die fürchterlichen Kriegsjahre.

Ziemlich plötzlich aber, schon kurz nach 1933, war ich auch Betriebsobmann bei der Essener AEG geworden.

Es mag bezeichnend sein, dass sämtliche Nichtparteigenossen in meinem Block im Essener Südviertel Stadtwald in ihren Zeugnissen für die »Entnazifizierung« hervorhoben, ich hätte nicht ein einziges mal Propaganda für die Partei getrieben. In der Tat, allein sinnvolle Taten hielt ich für wirksam, Leistung und Vorbild waren für mich die einzig mögliche Form von Propaganda.

Am Anfang fand ich für meine kritischen Anmerkungen und Vorschläge so etwas wie eine Plattform bei der Reichsleitung in Berlin, zunächst also bei Gottfried Feder, dann auch bei der »Arbeitsfront«. An Feder schrieb ich bereits im Mai 1933 einen sehr kritischen Brief und berichtete von der üblen Alkoholatmosphäre in manchen Parteilokalen in Essen. Und merkte dabei auch meine Bedenken an zu der sehr zentralen Problematik »Führerprinzip«. Von Diktatur war damals nirgends die Rede, stets von »Führerprinzip«. Und meinen Wehe-Ruf an Feder begründete ich konkret an Fällen, in denen Unterführer, die sich für allmächtig hielten, kläglich versagt hatten. Feder antwortete mir, in der Tat, bevor die Revolution zugrunde gehe, müsse gegen die Egoistik der Einzelnen eingegriffen werden. Es geschah aber so gut wie nichts, jedenfalls nichts gegen das Bonzentum. Oft hatte ich eher den Eindruck, die Sucht, sich zu bereichern, wurde zusätzlich gefördert.

Im einzelnen konnte ich als Obmann der Essener AEG und später als Blockleiter manches Sinnvolle durchsetzen, vor allem wenn es sich darum handelte, einem armen Teufel aus einer Notlage herauszuhelfen. Im Konzern boykottierte ich immer mal wieder unsinnige Maßnahmen, so wurde zum Beispiel in der Essener AEG die

Anordnung aus der Berliner Zentrale, Betriebszellen einzurichten mit dem deutlichen Ziel, alle Angestellten unter ständiger Kontrolle zu halten und die Menschen auszuspionieren, einfach nicht durchgeführt. Auch in diesem Fall hatte ich protestiert, in diesem Fall konnte ich mich durchsetzen.

Bisweilen drohte ich mit der Niederlegung meiner Funktion, aber wiederholt bewegte man mich zum Bleiben, den Ausschlag gab fast immer die Befürchtung, das Amt könnte in Hände geraten, die das, was im Betrieb an freundlichem Miteinander erreicht worden war, wieder zerstören würden, vor allem das im Lauf der Jahre von mir immer wieder besonders geförderte Kameradschaftsleben. Bei einer Neuwahl zum Amt des leitenden Betriebsrats erfuhr ich, dass die beiden Neinstimmen von Parteigenossen kamen, die der Meinung gewesen waren, ich sei »nicht scharf genug«.

Wenn ich aber nun erklären soll, wie ich eigentlich dazu kam, 1931 in diese so verhängnisvolle Partei einzutreten, muss ich chronologisch vorgehen. Am 25.8.1930, noch kein Parteimitglied, schrieb ich dem damaligen Reichstags-Abgeordneten Gottfried Feder folgendes: »... Ihre Forderung nach Abschaffung des Zinsfußes war es, die mich kopfscheu macht. Eine Utopie! ... Wenn Sie es wagen, dies als Fundament Ihres Programms hinzustellen, dann müssten Sie von der Richtigkeit dieser Forderung vollkommen überzeugt sein, und da richte ich an Sie die dringende Bitte, mich mit Argumenten zu überzeugen. Auch ich halte es für meine Pflicht, den verfahrenen volkswirtschaftlichen Karren aus dem Dreck ziehen zu helfen. Wenn ich nur wüsste, wie. Aber dazu benötige ich eine lückenlose Argumentationskette, die den richtigen Weg zeigt. ... Warum nur ist Ihre Parteipresse nicht wirklich auf der Höhe der Diskussion? Schimpfkanonaden und Radaupolitik sind kein Programm, Aggressionen dürfen nicht länger der vorherrschende Inhalt sein ...«

Ich bat Feder um seine wichtigsten Schriften zu seinen Hauptthemen, vor allem zur »Brechung der Zinsknechtschaft«, die er im Reichstag als »Herzstück« seines Programms bezeichnet hatte. Nun, nach dem damaligen Wahlerfolg der Nationalsozialisten, wollte ich endgültig wissen, wie sich der leitende Wirtschaftsmann die Währungs-Stabilisierung dachte, wie sein »Herzstück« funktionieren sollte, nämlich die Sache mit der Abschaffung der Zinsen und mit den Staatskassenscheinen.

Und ich schrieb ihm: »Auch ich bin Familienvater und bin fast verzweifelt als Zuschauer dieses gewaltigen Ringens, verzweifelt, weil ich nicht das weiß, was ich wissen muss. Und so lange diese Unwissenheit herrscht, kann ich mich nicht einsetzen für Ihre Partei, bei der mich allerhand unklare volkswirtschaftliche Gedankengänge hemmen, diese Hemmnisse müsste doch einer wie Sie beseitigen können, jedenfalls dann, wenn ihre eigenen Vorstellungen klar sind und durchdacht ... Warum zum Beispiel planen Sie Ihre 10 Millionen Bankenscheine nur für eine Übergangszeit? Warum sehen Sie die Gefahr einer Inflation? Haben Sie die Einschränkung »vorübergehend« mit Rücksicht auf die vielen eher ängstlichen Gemüter gemacht? Jedenfalls gewinne ich in diesem Bereich keine Klarheit. Alsdann, was wird in Ihrem Reformwerk aus den Konzernen, aus den anonymen Gesellschaften? Da gibt es viele kleine und mittlere Besitzende, die ihr Geld in Sachwerten angelegt haben und in Aktien. Wollen Sie die enteignen?«

Nach meinen Erfahrungen im Wirtschaftsleben des Ruhrgebiets fragte ich ihn dann ziemlich direkt: »Und auf welche Weise wollen Sie, sobald Sie die Macht haben, die großen Aktiengesellschaften umwandeln? Womöglich in der Absicht (was ich begrüßen würde), die Aktionäre verantwortlich an das jeweilige Unternehmen zu binden? Die Aktionäre auch am Risiko teilnehmen zu lassen? Die Aktionäre also auch persönliche Initiativen entfalten zu lassen? Ein gutes, aber verteufelt schwieriges Kapitel. Wie soll man zum Beispiel unsere großen Elektrogesellschaften Siemens oder AEG umformen? Eine Zertrennung dieser Werke in verschiedene Büros und in selbständige Fabrik-Anlagen wäre zweifellos ein Unsinn, ebenso eine Enteignung der Aktienbesitzer, auch der vielen kleinen. Das wäre ein Diebstahl. Jede Verstaatlichung würde auf die Volkswirtschaft erstarrend wirken und wäre rundweg schädlich. Da fehlt bei Ihrem »Herzstück«, scheint mir, ein wissenschaftlich ausgewogenes und durchdachtes Konzept. Und solange das fehlt, kann ich nicht Mitglied werden in Ihrer Partei, geschweige denn einer Ihrer Kämpfer.«

Man sieht, mein Eintritt in die Partei der »Bewegung« und der »Revolution« lief über rein volkswirtschaftliche Überlegungen. »Wie denken Sie übrigens über die Tilgung unserer politischen Auslandsschulden? Laut Dr. Schacht erfordern diese Schulden derzeit jährlich

3 Milliarden Mark Zinsen. Ich bezweifle, dass wir diese Zinsen je im Ernst werden aufbringen können, auch nach dem Fortfall der laufenden Reparationen. Beides, Zinsen wie Reparationen sind nun mal absolut unproduktive Ausgaben, bleiben ohne jeden Gegenwert, gehen dahin für ein Nichts, sind ein niederträchtiger Irrsinn.«

Im April 1931 war ich inzwischen dann doch, nach dem Auftritt Hitlers in Essen, Parteigenosse geworden, nunmehr also »Pg«. Damals schrieb ich an den Wirtschaftsfachmann der Nazis, also an Feder: »In steter Unruhe und Sorge über den Wert oder Unwert Ihres »Herzstücks« habe ich gegrübelt und habe mir inzwischen aus Eigenem eine Beweisführung erarbeitet und lege diese hier bei. Es fällt mir nicht im Traum ein, Sie damit irgendwie belehren zu wollen. Aber es könnte von Interesse sein, festzustellen, wie sich hier ein nachdenklicher Mensch im Ruhrgebiet, unabhängig von Ihnen, mit den Problemen unserer kranken Volkswirtschaft herumgeschlagen hat und wie er im Einzelnen doch auch zu ähnlichen Ergebnissen gekommen ist wie Sie. Wir sind uns, so hoffe ich, einig in dem heiligen Willen, unserem armen Volk zu helfen und werden, wenn wir uns gegenseitig kritisieren, dies nur um dieses Helfens und Dienens willen tun. Und tun dies um so freudiger, als wir in Adolf Hitler einen Menschen an der Spitze der Bewegung sehen, zu dem unser Vertrauen so restlos ist wie Vertrauen überhaupt sein kann.«

Auch nach diesem Bekenntnis blieben freilich Distanz und Skepsis. Wenn ich etwa in meinen alten Briefen folgende Wendung finde: »Apropos Kritik – zum Beispiel scheint es mir falsch, nach der Ergreifung der Macht zuerst an die währungspolitischen Maßnahmen heranzugehen. Als erstes müssen wir vielmehr den Fortfall der Reparationen erreichen. Außerdem ist anzunehmen, dass wir die Regierungsmacht erst dann erreichen, wenn das derzeitige Durcheinander der Parteien zum völligen Chaos gesteigert worden ist – selten wird eine so günstige Gelegenheit wiederkehren wie in diesen Tages der ständig wachsenden Verwirrungen.«

In einer seiner Antworten teilte er mit, er werde meine kritischen Fragen und Stellungnahmen in seiner Zeitschriftenreihe veröffentlichen.

Feder, von 1925 bis 1936 für die NSDAP im Reichstag, war seit 1927 Herausgeber der Reihe »Nationalsozialistische Bibliothek«, deren erste Hefte das Parteiprogramm erläuterten und hohe Auflagen erzielten. Seit 1933 war er häufig im Rundfunk zu hören. Mein Vater war ein intensiver Rundfunkhörer. Erste Erinnerungen an meinen Vater sind Situationen vor dem Radio, die Stimme eines Redners, oft eines sehr erregten Redners, dann auch oft Echos mit sehr vielen Stimmen, die allesamt schrieen oder sangen, am Ende sangen sie meist. Die Zeiten vor dem Radio (»Nachrichten«, »Meldungen«) waren Augenblicke, die vom Vater stets als »wichtig« bezeichnet wurden, ich musste da vollkommen still sein und zuhören und verstand nichts.

Aber es gab für ihn nun Hitler. Der redete im Rundfunk und der redete auch in meinem Geburtsjahr 1936, sagte auf dem Nürnberger

Parteitag, als auch mein Vater nach Nürnberg gereist war, folgendes: »Ihr hab einst die Stimme eines Mannes vernommen, und sie schlug an eure Herzen, die hat euch geweckt, und ihr seid dieser Stimme gefolgt. Ihr seid ihr jahrelang nachgegangen, ohne den Träger der Stimme auch nur gesehen zu haben.« In seiner Frühzeit hatte Hitler verhindert, dass Fotos von ihm veröffentlicht wurden. Joseph Goebbels in »Der Führer als Redner« (ebenfalls 1936): »Die Stimme des Führers bringt die geheimsten Saiten der menschlichen Seele zum Erklingen.« Eine »Reichs-Rednerschule« wurde gegründet, die sollte »von Herz zu Herz die Fäden spinnen«, keineswegs »tote Sprechmaschinen« schulen, sondern eine »Rhetorik des Herzens« entwickeln. (Cornelia Epping-Jäger: »Stimmgewalt«, in: »Stimme« (suhrkamp stw Nr. 1789, Frankfurt 2006))

Als Feder also meine Einwände veröffentlichen wollte, schrieb ich ihm am 28.5.1931: »... besteht bei einer Veröffentlichung nicht die Möglichkeit, die Gefahr geradezu, dass die derzeitige chaotische Regierung Ihre und meine Gedankengänge aufgreift und sie zum Teil – freilich nur zum Teil – in die Tat umsetzt, ohne vollständig die Konsequenzen zu ziehen? Stückwerk kann Unheil anrichten, unserem Volk wird dadurch am Ende eher geschadet. Die derzeit regierenden Herren sind doch allesamt am Ende mit ihrem Latein, wissen nicht mehr ein noch aus. Es hat mich sehr berührt, dass bald nach Absendung meines Aufsatzes über die Zinsknechtschaft Dr. Luther Erkenntnisse über die Goldwährung zu Tage förderte, die den meinen überraschend ähnlich sind, ohne jedoch zu Ende gedacht zu sein. Mir scheint, dass auch Dr. Luther, da alle unsere Wirtschaftsführer im Nebel ihrer vorgefassten Meinungen herumirren und nicht mehr herausfinden.

Mir kommt es so vor, als ob unsere Wirtschaftspolitiker dermaßen mit abstrakter Wissenschaftlichkeit überfüttert sind, dass sie die realen Grundtatsachen jeder wirtschaftlichen Konjunktur, dass sie die produktive Arbeit nicht mehr richtig wahrnehmen und bewerten können und den Wald nicht mehr vor Bäumen sehen.«

Nach einer Debatte im Rundfunk zwischen Feder und einem marxistischen Wissenschaftler

vor 1933

schrieb ich an Feder: »Gestern Abend hörte ich Ihren ungleichen Kampf gegen die Denkmaschine Professor Höppner. Gerade weil der Marxismus ein in sich geschlossenes Weltbild ist wie eine fein durchkonstruierte Maschine, jedoch auf dem Monde stehend, ohne Anwendungsmöglichkeit in der irdischen Realität, war der Kampf so ungleich. Höppner vergisst, dass es um Menschen von Fleisch und Blut geht und um keine Maschinenteile. Sie aber beschworen ein Bild vom Leben und darum war das ein Kampf mit ungleichen Waffen. Höppner hatte sich seine Fragen vorher sorgfältig zusammengestellt und hat Sie förmlich damit überfallen. Sie dagegen kämpften mit Herzblut um unseres Volkes Sein oder Nichtsein. Er dachte nur und Sie dachten und liebten, und darum dachten Sie redlich. Und weil dem Marxismus so unendlich viele Voraussetzungen der Menschlichkeit fehlen, ist er in seiner mechanistischen Denkweise möglicherweise zwar logisch gut konstruiert, ist er aber dem Leben gegenüber eine Lüge.«

Erst kürzlich konnte ich lesen, dass der viel gepriesene Philosoph Ernst Bloch nach dem Kriege erkannt hat: »Die Linken redeten mit Zahlen und Fremdwörtern, die Nazis redeten mit den Menschen.« Exakt dies war auch meine Erfahrung. Der drohende Kommunismus kam aber damals nicht nur in der Form von Fremdwörtern daher, sondern vor allem in der Form des fürchterlichen Stalinismus. Der Stalinismus war in jenen Jahren die eine Seite der Situation in Deutschland. Auf der anderen Seite standen die Arbeitslosigkeit im eigenen Land und die jährlich drei Milliarden Zinszahlungen für Anleihen, mit denen Deutschland die Reparationszahlungen nach dem »Versailler Vertrag« zu leisten hatte. Mit der einen Hand pumpte man, mit der anderen Hand zahlte man zurück und verschleierte so eine tödliche Entwicklung der deutschen Volkswirtschaft.

Über den Arbeitslosenzahlen, die ständig stiegen, und über der damit verbundenen erbärmlichen Lage breitester Volksschichten stand nach dem ersten Weltkrieg das ebenso dumme wie kalte und erbarmungslose Versailler Vertragsdiktat. Im Frühjahr 1931 schien es mir schließlich vollkommen klar, die Arbeitslosigkeit würde nur durch die Nationalsozialisten wirksam beseitigt werden können. Weil sie als einzige dieses unwürdige Diktat brechen würden.

Um diese entsetzliche Belastung loszuwerden, vor allem darum trat ich der Hitler-Partei bei.

Am 23.6.1931 erhielt ich einen Brief aus Berlin von einem Hans Weidemann. »Ich hätte eine sehr interessante Arbeit für Sie. Es handelt sich darum, eine Widerlegung des kommunistischen Arbeitsbeschaffungsplans zu verfassen.«

Beruflich war ich in Essen stark in Anspruch genommen mit sehr interessanten Ingenieursarbeiten, die ständige Weiterbildung erforderten, ich fehlte bei keinem technischen Vortrag im Essener »Haus der Technik«, bei keiner Weiterbildung.

»Haus der Technik« vor dem Essener Hauptbahnhof, 1927 eröffnet, damals eine Dependence der Technischen Hochschule Aachen

Aber dem Wunsch dieses Herrn Weidemann, offenbar zuständig für NS-Propaganda, kam ich entgegen mit jener sorgfältigen Arbeit von nahezu 70 Seiten. Nachstehend einige Ausschnitte.

»Wir haben zur Zeit 4 ½ Millionen arbeitslose Menschen, die mit wenigen Ausnahmen alle gerne arbeiten möchten. Das Verhängnisvolle an diesem Zustand ist, dass mit jedem neuen Arbeitslosen ein Käufer mit seiner Familie praktisch aus den Kreisläufen der Volkswirtschaft ausscheidet und dass er damit wiederum neue Arbeitslosigkeit erzeugt. Was er an Unterstützung bezieht, müssen die Mitbürger in Form von Steuern und Arbeitslosengeld aufbringen, ihre Kaufkraft vermindert sich um diesen Betrag, so dass auch sie sich nur noch das Notwendigste leisten können und ebenfalls von der Hand in den Mund leben. ...

Setzt man das derzeitige durchschnittliche Jahres-Einkommen dieser 4 ½ Millionen mit 2000,– Reichsmark an, dann kommt eine Summe von 9 Milliarden RM zusammen, die von unserem Volkseinkommen jährlich verloren geht. Für 9 Milliarden könnten jährlich die sinnvollsten Werte erzeugt werden... Zu den 4 ½ Millionen Arbeitslosen muss man noch die große Zahl derjenigen hinzuzählen, denen es nicht möglich ist, eine volle Woche zu arbeiten, weil sie Feierschichten und Kurzarbeit ertragen müssen. Es ist ein Teufelskreis, jede abgezogene Arbeitsstunde ist immer auch ein Verlust an Kaufkraft und schafft wieder neue Arbeitslosigkeit. ...

Die derzeitigen Regierungen begegnen diesem Zwang mit Anleihen, die ebenfalls im Ausland aufgenommen werden. Das ist geradeso, als wenn jemand seinen Gläubiger anpumpt, um ihm seine Schulden zahlen zu können. Diese Anleihen sind so was wie eine Tarnkappe, die verhindert, dass überhaupt bemerkt wird, in welch unglaublich leichtsinniger Weise mit Deutschlands Wohl und Wehe umgegangen wird, wie von unserer volkswirtschaftlichen Substanz ein Stück nach dem anderen praktisch ins Pfandhaus wandert. ... Man hat in Berlin seit vielen Jahren eine Katastrophenpolitik betrieben, die uns erst jetzt ihre Auswirkung voll vor Augen führt, und zwar in dem großen Devisenabzug nach der Kündigung der Kredite und in der wachsenden Beschäftigungslosigkeit.

Als Folge dieses Anleihebetrugs ist das Unheil inzwischen so groß, ist das Ausbluten unserer Wirtschaft schon so weit fortgeschritten, dass es derzeit unmöglich ist, mit dem verbleibenden Rest an Volksvermögen jenen 4 ½ Millionen Menschen das zu geben, worauf sie ein natürliches Anrecht haben, nämlich Arbeit, Lohn und Brot. Dieser Zustand würde sich von Grund auf nur dann ändern, wenn uns die Brechung der widerwärtigen Zinsknechtschaft gelänge.

Die aber wiederum ist nur zu brechen durch die Beseitigung ihrer Ursache, nämlich durch die Beseitigung der Goldwährung, der Wert-Deckung durchs Gold.

Wer auf dem Gold sitzt, der leiht es nun mal nicht anders aus als gegen Zinsen. Und die sind um so höher, je größer die Nachfrage nach Gold ist und je weniger die Volkswirtschaft von diesem an sich unnützen Zeugs besitzt. Es gibt nun mal auf dieser sonst so schönen Erde eine ungleiche Verteilung der Goldvorkommen und der Goldvorräte. Reichsbankdirektor Dr. Luther am 29.April 1931: ›Die falsche Verteilung des Goldes beruht auf politischen Vorgängen in Deutschland. Vom 1913 bis 1930 ist der für Währungszwecke nötige Goldbestand pro Kopf der Bevölkerung vom Reichsmark 64,– auf 36,– heruntergesunken. In England von RM 93,– auf RM 66,–. In Frankreich dagegen ist der Goldbestand von 150,– auf 240,– RM gestiegen und in den Vereinigten Staaten von 86,– auf 161,– RM.‹ – Soweit der vormalige Reichskanzler Dr. Luther.«

»Unsere Reichsbank«, so kritisierte ich weiter, »betreibt mit ihrer Golddeckung der Währung so etwas wie ein eigenes Goldbergwerk, was aber unmöglich ihre Aufgabe sein kann. Statt dessen wäre es ungleich sinnvoller, zur Deckung der Währung zum Beispiel das Errichten von Wohnhäusern heranzuziehen. Häuser haben einen ungleich höheren Gebrauchswert als Gold, und wie sinnvoll wäre das derzeit, wo in Deutschland mehr als eine Million Häuser fehlen, nämlich rund acht Millionen Wohnungen. Anstelle einer Goldwährung benötigten wir so etwas wie eine Hausbau- oder Arbeitswährung.

Und was wäre der Unterschied zur Goldwährung?

In Gold kann man nicht wohnen, mit Gold kann man sich nicht kleiden, man kann es auch nicht essen, man kann so gut wie gar nichts damit anfangen. Das bisschen Zahnersatz und Schmuck spielen keine volkswirtschaftliche Rolle. Häuserbau dagegen wäre überaus sinnvoll. Häuser hätten nur einen einzigen Nachteil, sie erleiden auf Dauer eine Wertminderung, Gold dagegen selten. Es wird in dem, was mir als neue und reale Währungsdeckung vorschwebt, jedes Jahr eine solche Menge Geldes ausgeteilt und eingetauscht werden müssen, wie das der Wertminderung der Häuser entspricht. In welcher Weise eine solche neue Währung aufzubauen ist und wie dann die Geldschöpfung vor sich gehen sollte, dafür folgendes Beispiel.

Herr Müller hat die Absicht, sich ein Einfamilienhaus errichten zu lassen und will dafür alles in allem RM 30.000,– anlegen. Den erforderlichen Grund und Boden besitzt er bereits.

Hier schildert mein Vater zugleich seine persönliche Situation, der Familienvater hatte damals ein Grundstück erworben in der Essener

»Renteilichtung«, im schönen waldigen Süden der Stadt. Zum Hausbau allerdings kam es nicht mehr

Außerdem hat Herr Müller 5.000,– RM zur Verfügung und leiht sich einen Kredit von einer nunmehr neu zu gründenden »Bau- und Wirtschaftsbank«. Zunächst wird von dieser Bank geprüft, ob eine Notwendigkeit für Herrn Müllers Vorhaben besteht. Herr Müller hat eine kleine Familie, eine positive Entscheidung wird angesichts unserer großen Wohnungsnot leicht zu treffen sein.

Sodann wird untersucht, ob Müller in der Lage ist, in einer bestimmten Zeit den Kredit zurückzuzahlen. Der Zeitraum richtet sich nach der zu erwartenden Baufälligkeit des Hauses. Da immer auch mit einem prozentualen Verlust an Häusern durch Feuer, Überschwemmung und andere Naturkatastrophen zu rechnen ist und da nunmehr Häuser die Deckung der neuen Währung sein sollen, dürften 25 Jahre wohl ein realistischer Zeitraum sein. Auch wird Herr Müller, wenn er gerade jung geheiratet hat, meist im Lauf seines Lebens noch in der Lage sein, die Rückzahlung zu leisten, also die nötigen Gegenwerte zu schaffen und den Tauschvorgang vollständig abzugleichen. Er tauscht dann seine eigene Arbeit gegen die an seinem Bau geleistete Arbeit. Er zahlt auf diese Weise die geliehene Summe in 25 Jahresraten zurück.

Da der Bank Unkosten entstehen, muss Herr Müller diese Unkosten ebenfalls vergüten. Betragen diese Kosten 5 Prozent der Gesamtsumme, hat Müller insgesamt 26.250,– Reichsmark zurückzuzahlen, in 25 Raten von je RM 1.050,–. Es ist nicht einzusehen, warum die

Bank höhere Gebühren erheben, warum sie für ihren Einsatz höhere Kosten getragen haben soll. Jedes Mehr wäre ein ungerechtfertigter Profit, wäre wieder die alte Zinsknechtschaft. Die Unkosten-Summe wird in Wirklichkeit eher niedriger sein, denn das Risiko der Bank ist gering, ist berechenbar.«

In meinem Beispiel wurde sogar ein möglicher Todesfall berücksichtigt, wurde auch ein Zahlungsverzug erwogen, und vor allem: In meinem Konzept ging es letztlich gar nicht um Geld, sondern um jene Staatskassenscheine, die von der Bank ausgegeben werden sollten und die auf je tausend Reichsmark lauteten, es ging also um eine Aktion, die vom Gedanken genossenschaftlicher Solidarität getragen war. Im Lauf der genannten 25 Jahre sollten alle Staatskassenscheine eingelöst werden, nämlich entwertet, und anschießend wäre dann dieser Herr Müller Alleinbesitzer des Musterhauses. Die Deckung der Staatskassenscheine – und das schien mir entscheidend – war stets mehr als vollwertig. Denn das Haus hatte nach 25 Jahren kaum an Wert eingebüßt. Ich schrieb weiter wörtlich:

»Wollte sich Herr Müller dagegen unter den derzeit geltenden Zins-Bedingungen ein Haus im Wert von RM 30.000,– mit seinen geringen Mitteln bauen, dann müsste er anstelle jener 5 Prozent jährlich mindestens 8 Prozent Zinsen zahlen, wenn nicht mehr. Dann hätte er zusammen mit den Zinsen am Ende RM 56.840,– zurückzuzahlen oder durchschnittlich pro Jahr RM 2.342 statt der RM 1.050,– nach meinem Gegenkonzept. Diese Zahlen zeigen übrigens auch, mit welcher Mietpreissenkung zu rechnen wäre, wenn alle Wohnungen künftig auf meine Weise errichtet würden, nämlich mit zinslos geliehenem Geld.«

Die neu zu gründende Bank, so war meine Folgerung, sollte nicht auf Profit aus sein, sollte nicht Geld als wichtigstes Gut zu erwerben suchen, sondern sie sollte »dem gesamten deutschen Volke dienen«.

»Diese Bau- und Wirtschaftsbank tut nichts anderes, als für den einzelnen als seriös befundenen Bauherren Schuldscheine zu drucken und dafür zu sorgen, dass diese rechtzeitig eingelöst werden. Die Hersteller des Hauses (Bauleiter, Architekt, Maurer, Zimmerleute etc.) erhalten sozusagen eine Anwartschaft auf einen Teilwert des Hauses, der gleich dem Wert ihrer Mitarbeit ist. Da aber diese Hersteller gar keinen Wert darauf legen, in dem Haus zu wohnen, dürfen sie mit dem erhaltenen Staatskassenschein anderes unternehmen, können die Scheine anderweitig einsetzen, nämlich anderes kaufen. Dagegen schafft Bauherr Müller in 25 Jahren Werte, die exakt der Summe entsprechen, die ihm geliehen wurde. Im Lauf der 25 Jahre wurden also nur gleiche Werte gegeneinander eingetauscht.«

Abgesehen von den paradiesisch niedrigen Summen, mit denen man vor gut dreißig Jahren noch an das Bauen eines Hauses denken durfte, diese Art von Geldschöpfung oder Gelddeckung ähnelte in einigen Zügen den Ausführungen Gottfried Feders, die mir freilich erst *nach* der Abfassung meiner Schrift zugänglich wurden.

Mindestens so energisch wie die Geld- und Zinsfrage beschäftigte mich in einer zweiten Denkschrift auch das Problem der Arbeitslosigkeit, ein Problem, das freilich, wie schon gesagt, nur erst nach dem Ende der Weltkriegsfolgen,

gemeint ist der erste Weltkrieg

nach dem Ende der irrsinnigen Reparationsleistungen lösbar werden konnte. Aber wie sollte die Beschäftigungslosigkeit nun verschwinden? Dazu wieder Wörtliches aus meiner Denkschrift für die Berliner Parteileute. »Wie man es nicht machen darf und wie weit es der Kommunismus treiben kann, das lehrt uns derzeit Russland, wo ein Riesenheer von Aufsehern die Produktion überwachen muss, Aufsicht ist dort der Ersatz für die abgeschaffte Privat-Initiative! Bei einer Einwohnerzahl von 160 Millionen, wovon rund 145 Millionen auf dem Lande wohnen, hat der wunderbare Staat der Sowjetunion 3,7 Millionen Funktionäre und 5 Millionen Staatsangestellte. Siehe das Buch von Panait Istrati ›Russland nackt‹. Der wunderbare Erzähler Istrati war rumänischer Kommunist, der sich fast zwei Jahre lang frei im Musterland der ›Diktatur des Proletariats‹ hat bewegen können und der zu dem Schluss gekommen war: ›Der Sozialismus ist die unsozialste aller Wirtschaftsformen.‹«

Solle eine Volkswirtschaft sinnvoll funktionieren, so schrieb ich nach Berlin, dann müsse die Summe der Kaufkraft gleich der Summe der Leistung sein, was nur dann erreicht werde, wenn jede Einzelleistung diejenige Kaufkraft zur Folge hat, die dem Wert dieser Einzelleistung exakt entspricht. Da plädierte ich also ausdrücklich für das individuelle Leistungsprinzip und kam – wie Feder – zu dem Schluss: »Das Streben des Nationalsozialismus nach Gerechtigkeit im privaten wie im internationalen Bereich ist schließlich die einzig mögliche Grundlage für einen dauerhaften Frieden.«

Nachdem ich hier aus jener 70-Seiten-Abhandlung einige der wichtigsten Momente herausgegriffen habe, dürfte deutlich geworden sein, dass ich damals, in den ersten Jahren meiner Zugehörigkeit zur NSDAP, hoffen wollte, dass meine mühsam erarbeiteten Vorschläge zur Schaffung einer Arbeitswährung als Haupt-Effekt die Beseitigung der Arbeitslosigkeit zur Folge haben müsste, zumal mir klar war, dass beide Probleme ihren logischen Zusammenhang hatten. Inständig hoffte ich, dass es dieser Partei – womöglich mit meiner Hilfe – gelingen könnte, diese beiden Hauptziele zu erreichen – eine Währung ohne kapitalistische Zinsprofite und im Zusammenhang damit die Rückkehr zur Vollbeschäftigung. Unter den chaotischen Umständen jener Jahre um 1933 glaubte ich nicht anders handeln zu können und ahnte in keiner Weise, welchen Täuschungen durch die Berliner Parteiführung ich erlegen war, welche wahnsinnigen Pläne die führenden Leute dort insgeheim verfolgten.

Meine Abhandlung sandte ich also an Herrn Weidemann, aber auch an Feder und an Dr. Wagner, den Leiter des Essener Gauwirtschaftsrats, sowie an den Essener Gauleiter Terboven. Mit Feder habe ich mich dann des öfteren getroffen, er hatte meine Arbeit gelesen, er lobte sie, hielt sie aber für zu konstruktiv und zu forsch und meinte, vorerst eine Währung schaffen zu sollen, die als Deckung nicht künftige Arbeit, sondern »schon jetzt vorhandene Werte« haben sollte. Da waren wir uns ganz und gar nicht einig und ich protestierte wiederholt.

Wie weit meine Vorschläge die Führung erreichten, insbesondere Hjalmar Schacht, ist mir nicht bekannt, dennoch glaubte ich wiederholt beobachten zu können, dass man im Prinzip meine genossenschaftliche Haltung zu realisieren begann. Dann freilich nahm alles, wie wir heute wissen, eine katastrophale, eine verbrecherische Wendung, und abschließend kann ich dieses ganze Geschehen nur als meinen ersten Großen Irrtum bezeichnen.

Paul Hoffmann, Essener Gaureferent für Wirtschaft- und Finanzpolitik, nahm mich nach meinen Denkschriften in den Gauwirtschaftsrat auf. Darin arbeitete anfangs auch Fritz Thyssen, der sich wenig später von der Partei distanziert hat. Er ging in die Schweiz und hat dort das Buch verfasst »Ich bezahlte Hitler«.

Kurz vor Kriegsende haben Untersuchungen in britischen Kriegsgefangenenlagern ergeben, dass nur neun Prozent dieser deutschen Soldaten eine dezidiert ablehnende Haltung gegenüber dem Nazi-Regime vertraten. 76 Prozent schätzten das Regime eher positiv ein, »vor allem wegen seiner wirtschaftlichen und sozialen Leistungen«. Noch 1947 äußerten sich in einer Befragung eines englischen Meinungsforschungs-Instituts mehr als die Hälfte der Gefangenen positiv: »prinzipiell gut, nur nicht das mit dem Krieg und den Juden ...«

Zweiter Großer Irrtum. Die Ermordung der Juden

Angesichts des damaligen Elends der Massen, so sah ich das, wäre es eine Herzensrohheit gewesen, im Kampf gegen dieses Elend abseits stehen zu wollen und nur zuzuschauen. Dabei mag aufgefallen sein, dass in allen bisher wiedergegebenen Äußerungen kein Wort über die Juden erscheint. Obwohl ich dies alles im Wortlaut zitiert habe unter Inkaufnahme mancher alter stilistischer Unzulänglichkeiten. Nun aber muss ich in diesem Bericht unbedingt auch den zweiten Großen Irrtum, dem ich erlegen bin, darstellen, ehe ich auf meine Tätigkeiten nach 1933 eingehen kann.

Es wäre unvollständig und dumm und feige, wollte ich hier die Ermordung der Juden, wollte ich hier diese unsäglichen Verbrechen übergehen, einfach mit dem Hinweis, dass ich davon nichts gewusst und dass ich damit, wie ich meine, reineweg nichts zu tun hatte. Es würde nur Schaden anrichten, würde ich hier und jetzt nicht eingestehen, dass ich damals die Judenfrage durchaus nicht zuende gedacht habe. Hier handelt es sich um ein Verbrechen, das uns Deutschen anhaften wird, so lange die Menschheit in der Lage ist, Geschichte wahrzunehmen und darzustellen.

Was den jüdischen Menschen von deutschen Menschen angetan worden ist, ist niemals wieder gut zu machen. Das ist, da gibt es keine Möglichkeit der Beschönigung, als Verhängnis über unser Volk gekommen. Ich glaube, das Wort »Verhängnis« benutzen zu dürfen, weil ich fest davon überzeugt bin: Wären in den 12 Hitler-Jahren Informationen über die massenhaften Ermordungen zu bekommen gewesen und wäre alsdann eine Volksabstimmung zur Entscheidung über diese Verbrechen herbeigeführt worden, dass dann der Prozentsatz der Neinstimmen erheblich höher gewesen wäre als der Prozentsatz der Jastimmen bei den zahlreichen damaligen Volksabstimmungen.

Obwohl ich fürchten muss, dass ein Betroffener sich weigern dürfte, an dieser Stelle meines Berichts weiterzulesen, weil er meine Behauptung als Frechheit ansehen wird, muss ich versuchen, zu beweisen, dass es sich so verhält. Sonst komme ich nicht weiter bei dem Versuch, eine Antwort zu finden auf die drängende Frage, wie solch grauenhafte Abgründe des Irrsinns und der Unmenschlichkeit sich auftun konnten in einem Kulturvolk und wie man sie künftig vermeiden könnte.

Ich beginne damit, dass ich ein vorläufiges Ergebnis meines Grübelns, meines viel zu späten und unvollständigen Nachdenkens darstelle. Als die Juden vor zweitausend Jahren ihre Heimat verlassen mussten und sich über die damalige Welt verstreuten, stießen sie vielfach auf Völker, die ihnen nicht nur den Zutritt ins Erwerbsleben erschwerten, sondern die ihnen häufig auch sehr handfest Leib und Leben bedrohten. Ihr Dasein wurde in diesen Jahrhunderten offenbar zu einem dauerhaften Kampf, zum härtesten Überlebenskampf, der wohl je ein

Volk heimgesucht hat. Immer wieder wurden sie gejagt und vertrieben – etwa in Spanien – oder in Gettos gesperrt, wo es wiederholt zu Pogromen kam, also zu immer neuem Völkermord. Ihr Kampf ums Dasein wurde dermaßen gefahrvoll und aufreibend, dass vielfach nur die übrig blieben, die es irgendwie verstanden, zu überleben, die in der Härte ihres Daseins eine besondere Überlebenstechnik entwickelt hatten. Es kam zu einer Art Auslese, die nur die intelligentesten und geschicktesten überstanden. Und so könnte es sein, dass im Lauf der Jahrhunderte am Ende diejenigen überlebten, die jedenfalls durchschnittlich weit intelligenter waren als ihre ungastlichen Gastvölker.

Die Statistiken schienen dies in den 20er Jahren immer noch nahe zu legen, im Jahr 1925 waren in Berlin von 3450 Anwälten fast zweitausend Juden. Und 1910 waren 177 philosophische Lehrstühle an deutschen Universitäten mit jüdischen Gelehrten besetzt. Hätte man die Lehrstühle nach dem Anteil der Juden an der Bevölkerung besetzen wollen, wären es nur 13 gewesen. In der Wiener Ärzteschaft waren 1928 mehr als 80 Prozent Juden. 1928 waren von 147 Börsenmitgliedern in Berlin 116 Juden.

Auch an den Theatern, in der Presse, in der Kunst, beim Film und unter den Schriftstellern herrschten ähnliche Anteile. Das hat merkwürdige Empfindlichkeiten ausgelöst, die zwar schwer begreiflich sind, die aber nun mal vorhanden waren und die geschürt wurden von Neidern und von Schwachköpfen. Die Dominanz des Jüdischen in der Kultur hat, um es vulgär zu sagen, das Volk zu großen Teilen in einen völlig falschen Hals gekriegt, hat es mit Neid erfüllt statt mit Freude darüber, dass ein derart hoher Anteil Intelligenz deutsch geworden war. Und da muss ich heute diejenigen, die dem grauenhaften Massenmord entkommen sind, um Nachsicht und um Verzeihung bitten für das Unverzeihliche, nämlich dafür, dass sich solche Aversionen überhaupt haben entwickeln können. Wobei ich keinerlei Verständnis mehr dafür erbitten kann, dass diese Blindheit und Ignoranz sich schließlich immer weniger scheute, die Grenzen allen Rechts und alle Grenzen der Menschlichkeit zu übertreten. Vielleicht geschah das deshalb, weil unsere obersten Führer sich von diesem so hochbegabten Volk der Juden krankhaft, ja wahnhaft bedroht fühlten, statt die Juden als Bestandteil des Deutschen und des Europäischen zu begrüßen und wunderbar zu finden, sie als das zu empfinden, was sie sind, als segensreich.

Weder der Staat noch der Einzelne hat jemals irgendein Recht auf Unrecht.

Ich persönlich zum Beispiel muss um Verzeihung bitten dafür, dass ich bei meinen volkswirtschaftlichen Überlegungen, ohne wirklich nachzudenken, in Anmaßung und Unwissenheit gelegentlich nach Art der damaligen Diskussionen ebenfalls geschimpft habe auf die »jüdische Finanzherrschaft«.

Zu unseren folgenreichsten deutschen Irrtümern, zu unseren elendesten Dummheiten gehört die sogenannte Rassenlehre. Sie übersieht nicht nur alle Grundsätze der Menschlichkeit, sondern auch schon die einfachsten Voraussetzungen der Human-Wissenschaften, sie übersieht zum Beispiel, dass auch das deutsche Volk alles andere ist als eine Rasse, schon gar nicht eine »reine«, sondern dass die Deutschen ein uralter Bevölkerungsmischmasch sind aus unterschiedlichsten Bestandteilen und Beigaben. So hat man seit je vollkommen ignoriert, dass jeder Deutsche schon rein rechnerisch unter seinen Vorfahren auch zahlreiche jüdische Ahnen haben *muss*. Von diesen Tatsachen hatte die große Masse in ihren dumpfen Aufwallungen nie eine Ahnung, geschweige denn eine klare Kenntnis, und meine lieben Mitmenschen, sie haben eine solche Kenntnis, fürchte ich, bis heute nicht.

Wenn man unsere je zwei Eltern, vier Großeltern und acht Urgroßeltern zurückrechnet bis in die Zeiten Karls des Großen, dann kommt man, rein rechnerisch, auf Drei Milliarden Vorfahren, die damals allein im heutigen Deutschland gelebt haben müssten, rein rechnerisch. Drei Milliarden Menschen gibt es aber auf diesem Planeten erst seit jüngster Zeit. Jeder ums Jahr Tausend Lebende, soweit er Nachkommen hatte, ist im statistischen Schnitt zehnmal unser Vorfahr geworden. Karl der Große, der bekanntlich ungewöhnlich fruchtbar war, wurde mindestens hundertmal Ahne eines jeden Deutschen und jedes Franzosen. Und es ist ganz klar, bei diesen ständigen Vermischungen und Kreuz- und Querverbindungen hat jeder Franzose wie jeder Deutsche unter seinen Ahnen auch sehr viele Juden – zum Glück. Denn wahrscheinlich eben deshalb sind ja auch wir Zentraleuropäer, so lang jedenfalls keine moderne Propaganda wieder einmal Massenbetäubung betreibt, im Schnitt so ganz dämlich und einfallslos keineswegs. Die Mischung macht's, die sorgt für Leben, Vielfalt und Vitalität und dafür sorgt auf jeden Fall nicht dieses verblödende Phantom, diese fixe Idee von Reinheit und gar von »reiner Rasse«.

Warum jubelt es denn in der Frau so sehr (»mein Mann ist gefahren ins Heu ...«), weil ihr Partner zuweilen ein Fremder war, von dem dann später niemand nichts weiß. Das Kind bekam anschließend den Namen des treuherzigen »Vaters«, und wer dauernd unterwegs gewesen ist, um Waren zu verkaufen, der gönnte sich auch gern mal gewisse andere Freuden, und das waren vormals nicht immer nur die umherziehenden Krieger, sondern vielfach auch Kaufleute und fahrendes Volk und darunter mit Sicherheit auch allerhand jüdische Händler. Ich behaupte rundheraus: Ohne jüdische Vorfahren wäre kein einziger heute lebender Deutscher auf dieser Welt. Sage also bitte jeder schon rein biologisch seinen Dank all den Isaaks, Abrahams oder Levis, die ihm seine Existenz überhaupt erst ermöglicht haben. Jeder Einzelne unserer vielen Vorfahren war nötig und erforderlich, damit wir heutigen Menschen überhaupt in diesem Dasein da sein können.

Dazu gibt es eine reizende Erzählung des Essener Familienforschers van der Loo. In Essen war in den dreißiger Jahren ein »Familientag« dieser relativ großen Sippe der van der Loos, wozu auch holländische van der Loos erschienen. Und die holländischen überfielen die deutschen am liebsten mit der Frage: Sind ji denn ook ächte? Antwort: Wat soll dat heißen? Frage: Ja hävt ji denn den Knöbbel am Faut? – Die Holländer erinnerten dann daran, dass ihr Vorfahr Schenk van Nideggen vor rund 400 Jahren die Stadt Nymwegen belagert hatte. Als eine Kanonenkugel sein Boot zerschmetterte und im Boot die Munitions- und Pulverladung explodierte, da konnten sich alle durch Überbordspringen retten, nur Schenk van Nideggen nicht, weil ihm sein »Knöbbel am Faut« hinderlich war. Der Essener Familienforscher van der Loo konnte den Holländern antworten: Mein Bruder aus Essen-Bredeney hat diesen »Knöbbel« ebenfalls. Damit gehörten also auch die Essener van der Loos zur Sippe, gut 400 Jahre war ein Erbfehler weitergereicht worden, über gut 12 Generationen.

1711 heiratete eines meiner Vorfahrenpaare. Von der Frau wurden gewisse Gesichtzüge beschrieben – ihre Nachkommen haben noch heute die gleiche sichtbare Erbeigenschaft, nämlich das »Lütjenhehlener Kniffauge«,

Lütjenhehlen = Klein-Hehlen, so heißt
das Dorf bei Celle mit dem »Lodemann-
Hof«, in dem mein Vater zur Welt kam

das sich beim Lachen schließt und an der Schläfe vielerlei feine Fältchen sehen lässt. Meine älteren Verwandten in dem Heidedorf, aus dem ich stamme, haben fast alle dieses Kniff-Auge. Und da sich bekanntlich auch geistige Anlagen auf diese Weise vererben, haben unsere vollkommen ahnungslosen Juden-Hasser diese oder jene Charakter-Eigenschaft durchaus von einem ihrer jüdischen Vorfahren. Warum um alles in der Welt war so etwas um 1930/31 niemandem bekannt? wie konnte beim Thema »Rasse« dermaßen viel Hirnverbranntheit verbreitet werden und überdauern und wie konnten diese Dummheiten dermaßen viel Horror anrichten. Warum zum Beispiel haben nicht auch jüdische Gelehrte den Unsinn des Reinheits- oder Rassedenkens aufgeklärt. Nicht nur die jüdische, auch die deutsche Wissenschaft hätte das tun können, hätte das tun müssen. Insgesamt, so meine ich, hat die Wissenschaft damals kläglich und folgenreich versagt, sie behielt ihr besseres Wissen behutsam in ihren Elfenbeintürmen. Die NS-Redner jedenfalls konnten ihre verhängnisvollen Irrtümer und fatalen Fehlspekulationen unwidersprochen verbreiten und einige Schwachköpfe können das, so viel ich sehe, leider noch heute und immer wieder von neuem.

Nun aber, abgesehen von meinen persönlichen Unkenntnissen und abgesehen von meinen gelegentlichen Schimpfereien im damals üblichen Wortgebrauch, wie sah es aus, mein tatsächliches Verhalten den Juden gegenüber. Glücklicherweise darf ich sagen – man möge nachforschen so viel man will – von mir hat kein jüdischer Mitmensch je ein Leid erfahren oder irgendeinen Nachteil. Ich habe mich zum mindesten bemüht, jedem von ihnen so zu begegnen, wie ein Mensch mit anständiger Kinderstube einem anderen, einem Mitmenschen zu begegnen hat. Ich schreibe nun zwar wieder von mir, scheinbar wieder sehr subjektiv, fühle mich aber auch hier durchaus als Objekt. Als einer aus dem Volk, über das die Wahrheit gesagt werden muss, das nicht besser und nicht schlechter ist als andere Völker, wenn denn überhaupt pauschale Urteile je etwas taugen würden.

Bis zum 30.9.1936 wohnte die jüdische Familie des Dr. Ing. Otto Enoch aus Hamburg in dem Haus im Essener

Stadtwald, in dem auch wir eine Wohnung gemietet hatten, diese Familie Enoch war in der Straße »Sundernholz« unser Flurnachbar. Wir hatten zwar keinen besonders engen Umgang miteinander, haben uns aber in den kleinen Dingen des Alltags gegenseitig immer gut nachbarlich verhalten, wobei zum Beispiel der humorvolle Dr. Enoch zur Geburt unseres Jüngsten Ende März 1936 meiner Frau einen Blumengruß und die besten Wünsche sandte, die beigelegte Karte besitze ich noch heute. Und zur weiteren Illustrierung unseres guten Verhältnisses sollte ich wohl auch erzählen, wie Dr. Enoch einmal, als er seinen Hausschlüssel vergessen hatte, durch unser Fenster ins Haus gestiegen ist. Das Hereinkommen wäre auch auf normalem Wege möglich gewesen, mit dem üblichen Klingeln an der Haustür, aber das war eben einer seiner Scherze, zu denen er neigte. Enochs wussten 1936 längst, dass ich in der NS-Partei war. Sie sind dann ausgewandert und haben in den USA überlebt. Es hat mir später weh getan, dass uns Frau Enoch nach dem Krieg sehr deutlich schnitt, was ich aber wahrlich auch verstehen kann.

Unterhalb der Familie Enoch wohnte im selben Haus das Ehepaar Randel, Frau Randel war Halbjüdin aus Frankfurt, was ihre übrigen »arischen« Nachbarn wahrscheinlich gar nicht wussten. Wir waren oft bei Frau Randel, vor allem unsere Kinder mochten sich sehr, weil diese alte Frau sehr schön erzählen konnte und weil ihr Mann wunderbare Zeichnungen anfertigte, er war Grafiker. Die jüdischen Verwandten der Frau Randel sind, wie nach 1945 klar wurde, umgebracht worden. Damals hat sie mich vor dem Entnazifizierungs-Gremium auf bewegende Weise verteidigt, sie bezeichnete mich als einen »ahnungslosen guten Menschen«.

Während des Bombenkriegs beherbergten wir über das verordnete Soll hinaus mehrere wohnungslose Familien in unserer neuen Wohnung in der Drosselstraße, ebenfalls im Essener Stadtwaldviertel. Unter den neuen Mitbewohnern waren auch Kommunisten, zum Beispiel ein Herr Werner, der sich – mitten im Krieg – mir gegenüber offen zum Kommunismus bekannte, außerdem lebte bei uns die ebenfalls ausgebombte Familie des Pastors Böttcher, des späteren Essener Superintendenten.

Den Böttchers war es möglich gewesen, in der Ruine ihres Hauses im Keller Juden zu verstecken. Darüber hat kürzlich die Westdeutsche Allgemeine Zeitung berichtet mit einem Foto der Überlebenden. Ich gestehe, nichts von den Rettungstaten der Familie Böttcher gewusst zu haben. Pastor Böttcher berichtete darüber erst, als keine Gefahr mehr war. Ihre Aktion im Kriege war zweifellos eine echt christliche Tat. Ich gehörte schon lange nicht mehr der Kirche an, hatte aber immer Achtung vor Pastoren, die ihr Christentum als sozial verstanden und die es als Vorbild lebten. Auch von der NSDAP habe ich mir in meine konfessionellen und in meine privaten religiösen Entscheidungen niemals hineinreden lassen.

Von den entsetzlichen, von den unfasslichen und für immer unverzeihlichen Verbrechen an den Juden und an anderen Minderheiten in den deutschen Konzentrationslagern will ich zu schreiben versuchen, wenn es um das Kriegs-Ende geht, um das Jahr 1945.

Aber wenn ich schon jetzt meine beiden hauptsächlichen Fehler bedenke, meine größten Irrtümer – in Bezug auf den Krieg und in Bezug auf den Umgang mit den Juden – so komme ich zu dem Schluss, dass beide Irrtümer auf der gleichen Voraussetzung möglich wurden. Über alles andere bewegte mich die Hoffnung oder Illusion, es sei die haarsträubende wirtschaftliche Notlage der Deutschen am besten zu reparieren durch Menschen wie Schacht oder Feder oder eben auch Hitler, und an dieser volkswirtschaftlichen Rettung wollte ich mitarbeiten.

...

Im Eifer meiner Anstrengungen und im Glück über die offensichtlichen ökonomischen Erfolge am Anfang der Nazizeit habe ich es fertiggebracht, zu ignorieren, was sich gleichzeitig an Brutalitäten entwickelte, an versteckten und an offenen, da habe ich es geschafft, viele rüde und menschenverachtende Redewendungen lieber zu überhören oder zu überlesen.

Das wunderbare Glück der scheinbar gesundenden Volkswirtschaft überstrahlte fast alles andere, jedenfalls für mich, und die Übel wurden von Anfang an verschleiert vom Nebel einer perfekt funktionierenden Lügenmaschine, von den Reden und Aktionen eines fatalen Propagandaministers. Auch ich hielt es – wie sehr viele andere – für einfach undenkbar, dass die Parolen des Straßenmobs wie »Juda verrecke!« oder die entsetzlichen Dummheiten und Plattheiten im »Stürmer« jemals reale Politik werden könnten – sie sind es aber geworden, in unvorstellbarer Grauenhaftigkeit.

Nach der »Machtergreifung«

Nach der »Machtergreifung« – es war ja wohl eine Macht-Übergabe, die Deutschen hatten entsprechend gewählt, und zwar frei und geheim, wenn auch unter verwirrenden, benebelnden und chaotischen Umständen – nach 1933 also war mein erster Brief an Feder bereits eine Art Alarmruf. Am 6. Mai 1933: »Vertrauensvoll wende ich mich an Sie mit der Bitte um einen Rat in einer tieftraurigen Angelegenheit. Ich spreche dabei auch im Namen mehrerer anderer Parteigenossen. Wir sind sehr besorgt wegen der Zustände, die hier in Essen herrschen und wissen uns keinen anderen Rat, als meine Bekanntschaft mit Ihnen zu nutzen, um auf diese Weise vielleicht sogar an den Führer heranzukommen. Es geht so nicht weiter. Wenn nicht bald ein Ende gemacht wird, verlieren wir unsere Revolution. Einzelheiten will ich nicht erzählen und keine Namen nennen, weil ich kein Denunziant sein will. Aber ich frage Sie, ob nicht die Möglichkeit besteht, dass der Führer einen Kommissar mit allen Vollmachten ernennt, der sich an Ort und Stelle selbst von dem überzeugt, was uns hier im Zentrum des Ruhrgebiets bedrückt. Wir selbst sind ohnmächtig. Wehe, wenn ein Unterführer sich für allmächtig hält und entsprechend aufführt und peinlich versagt. Es müsste ein solch kontrollierender Berater ein sehr guter Menschenkenner sein, er müsste unterscheiden können zwischen egoistischem und rücksichtslosem Ehrgeiz, prahlerischem Nichtskönnen und ernsthaften Nationalsozialismus, bei dem doch, davon bin ich überzeugt, von Fall zu Fall jeder bereit sein muss, seine Kräfte aus reinem Idealismus voll und ganz einzusetzen. Vor den Geschehnissen hier jedoch zieht man sich angeekelt zurück. Ich weiß keinen anderen Weg aus dieser korrupten Alkoholatmosphäre als den über Sie.«

Bei einem Autodiebstahl, dessen Opfer der jüdische Kaufmann Blum geworden war, hatte sich unser ebenso tüchtiger wie anständiger Ortsgruppenleiter Bösel energisch gegen die Untat von Parteigenossen eingesetzt, was ihm übel genommen wurde. Und seit 1933 gab es zahlreiche ähnliche Vorfälle, die ich für kriminell hielt, und das waren sie zweifellos.

Gegen alle mir bekannt gewordenen negativen Erscheinungen bin auch ich fast immer mit unverfrorener Deutlichkeit angegangen, ohne Rücksicht auf etwaige Folgen für mich. Die stellten sich dann am Ende auch ein.

Abgesehen von meinen Aufgaben im Betrieb der AEG wurde alle Partei-Arbeit in der Freizeit erledigt. In der Freizeit habe ich damals den Kreiswirtschaftsrat geleitet, aber nach mehreren Einsätzen in dieser schrecklichen Runde konnte ich mich unmöglich länger dort aufhalten, das war eine egozentrische Heldenbande, deren Gedanken-Arbeit ausschließlich dem eigenen Profit galten und alsdann, in den inoffiziellen Stunden danach, diesen sogenannten Herrenwitzen. Die Atmosphäre war deprimierend. Ich stellte da Anforderungen an das moralische Verhalten, die man eigentlich für selbstverständlich halten sollte, die aber von den meisten für völlig unnötig und hinderlich gehalten wurden. Die Macht zu haben, schien für sie mit Verantwortung und Pflicht nichts zu tun zu haben. Immer mehr Raffkes traten da auf, sogenannte Märzgefallene, die angeblich immer schon für die NS-Bewegung gewesen waren, die aber nun nichts anderes im Sinn hatten, als sich auf den Krücken der Partei Vorteile zu erschleichen, Vergünstigungen und leitende Posten. Anfangs sah ich diese Erscheinungen als Ausnahmen an, doch leider bildeten sie die Mehrheit. Nur einige wenige Parteigenossen bewiesen den Idealismus, den ich für nötig hielt, um die schweren Aufgabe zu bewältigen, nur wenige waren bereit, Zeit, Kraft und Geld zu opfern.

Kurz vor dem 1. Mai 1933 hatte man mich ohne mein Zutun zum Betriebsobmann in der Essener AEG ernannt. Eine Ansprache, die ich im Oktober 33 vor der Belegschaft hielt, gebe ich hier in ihrem letzten Teil vollständig wieder, das vermittelt einen, wie ich finde, denkwürdigen Einblick in die damalige Stimmung.

»... wir stehen derzeit unter den ersten Eindrücken eines gewaltigen Umbruchs und Aufbruchs. Mag er in unserem Volk noch so diszipliniert und noch so friedlich und ohne Blutvergießen verlaufen sein – darauf sind wir ja stolz – , solch ein Umbruch und Aufbruch geht leider nicht ohne Reibungen vor sich und nicht ohne Konflikte. Doch Sie mögen urteilen, wie Sie wollen, eines kann nun kein Mensch mehr übersehen, nämlich einen frappierenden und nachhaltigen volkswirtschaftlichen Erfolg. Wer mit sehenden Augen durch die Welt geht, muss, wenn er sein Volk lieb hat, zugeben, dass die Leistung, die in diesen 8 Monaten vollbracht ist, dass die Leistung in Sachen Vollbeschäftigung eine ungeheuerliche ist. Es sind nicht nur 2 ¼ Millionen Menschen aus dem trostlosen und zermürbenden Zustand der Arbeitslosigkeit befreit worden. Noch vor anderthalb Jahren hieß es immer wieder: Ihr Nazis, ihr könnt auch nur mit Wasser kochen. In der Tat, wir haben mit Wasser gekocht, aber auch mit unserem Herzblut. Die Liebe zu unserem Volk, die haben wir offenbar wachgerufen. Und damit wurde nichts weniger als die Überwindung des alles zermürbenden Klassenkampfes erreicht.«

Aus der Arbeitslosenstatistik des »Deutschen Reichs«:
Ende Februar 1933: 6 050 000
Ende Juni 1933: 4 865 000
Ende April 1934: 2 480 000

Und dann zählte ich in dieser Rede vor der versammelten Belegschaft andere Erfolge auf und war auch in diesen Punkten eines guten, aber auch eines vollkommen naiven Glaubens. »Ist es nicht erhebend festzustellen, wie heute jeder Schutzmann einzeln des Nachts durch die Straßen der Großstadt gehen kann, ohne auch nur das Empfinden zu haben, hier ist es gefährlich. Ist es nicht bezeichnend, dass wir in Preußen in diesen acht Monaten nur einen einzigen Raubmord zu verzeichnen hatten. Ist es nicht bezeichnend, dass Diebstahl und andere Verbrechen bis zu 50 Prozent und mehr abgenommen haben und dass man ernstlich darangeht, die Strafkammern ganz abzubauen. Und ist es nicht ein wundervolles Zeichen der Zeit, dass die Ärzte für Haut- und Geschlechtskrankheiten beginnen, sich nach einem anderen Fachgebiet umzuschauen.« Auf die Idee, dass all diese wunderbaren Nachrichten vom »einzigen Raubmord« etc. die sorgfältig manipulierten Ergebnisse einer fatalen Presse-Zensur waren, einer total gelenkten »Öffentlichkeits-Arbeit« durch das neue Ministerium für Propaganda – auf solche Ideen kam ich damals noch gar nicht. Es scheint mir höchst bezeichnend, mit welch tölpelhafter Gutgläubigkeit ich der »Bewegung« in die Arme gelaufen war. Mag sein, als einer, der auf einem Bauernhof aufgewachsen war, hielt ich diese und jene Einwände (»alles nur Propaganda«) für Lügen der unterlegenen Linken und hatte ja auch bis dahin nie die Gelegenheit gehabt, politische Machenschaften zu beobachten und zu begreifen oder gar zu erlernen. In einer meiner Reden vor dem AEG-Betrieb habe ich folgendes gesagt:

im Frühsommer 1935

»Dass aber hin und wieder in der Hitze des Gefechts dieser oder jener über das Ziel hinausschießt und einen Mitmenschen zu hart und ungerecht anfasst und dass in die Millionenbewegung des Nationalsozialismus hier oder dort Elemente hineingedrungen sind, die unseren Idealismus für ihre eigenen egoistischen Zwecke ausnutzen, das ist leider wahr, und weise Leute sagen, so was sei offenbar unvermeidlich.

Wir können nicht die Menschen umkrempeln, einen neuen Menschen herstellen, das braucht Jahre, das braucht Generationen. ... Was aber entscheidend ist: Wir haben uralte Gegensätze überwunden, die berühmten schrecklichen »Klassengegensätze« ... Und nun wirke jeder Deutsche auf seinen Mitmenschen ein, dass er seine Pflicht tut in allen Dingen. ...

Entscheidend scheint mir bei all diesen Neuerungen: Wir bekennen uns zum Frieden! Nichts jedoch haben wir dabei gemein mit jenen Pazifisten, die für ihre gut gemeinte aber engstirnige Idee zuerst ihre eigenen Mitmenschen zu opfern bereit sind. Wir wollen den Frieden um unserer Mitmenschen Willen, um der Erhaltung unseres Volkes Willen. Gott hat unser Volk entstehen lassen, nicht damit es andere Völker vernichtet, aber auch nicht, damit es sich durch Pazifismus selbst vernichtet. Nein, wir lieben unser Volk. ... Nur der erwirbt sich Freiheit wie das Leben, der täglich sie erobern muss.«

Ich hielt es für notwendig, auch diesen Auszug hier wörtlich zu bringen, auf die Gefahr hin, dass dies heute absolut naiv wirken muss und zum Teil viel zu pathetisch, aber in der Not und auch im Glück der Befreiung von dieser Not hat auch Pathos sein Recht.

Nach dieser Rede im Juli 1935 ereignete sich ein Vorfall, der in der Firma noch lange erzählt wurde, oft unter dem Stichwort »Geschenk an den Führer«. Eine Angelegenheit, die von mehreren Zeugen belegt ist, nicht nur von meinem Geburtstermin im März 1936. Auch in mein Kindertagebuch trug ja mein Vater nach meiner Geburt ein, dass ich niemals den Mann vergessen solle, »dem du zu danken hast, dass du lebst«. Nach seiner Rede im Sommer 1935, so heißt es, habe mein Vater sich im inoffiziellen Teil der Betriebsfeier zu den Angestellten an die Biertheke gestellt, wo ihn zwei Lager-Arbeiter in ein Gespräch verwickelten. Sie hätten seine Rede gelobt, hätten aber wissen wollen, was er gemeint habe, als er sagte, es gehe darum, die »Volkskraft zu stärken«. Mein Vater habe einiges gemurmelt von »Volksgemeinschaft« und »Familie«. Schließlich habe der Arbeiter Schmidt seinem Kollegen Tibulski erklärt: »Ist doch klar, was der Herr Lodemann meint mit ›Volkskraft stärken‹. Wir sollen uns vermehren. Wir sind doch nun die germanische Rasse. Allerdings du ja wohl nicht, als Tibulski, würd ich sagen, bist du mehr Slawe. Aber die Germanen, die sollen sich vermehren!« Daraufhin habe der Tibulski gesagt: »Ich hab aber gehört, der Herr Lodemann hat man bloß zwei Blagen. Wo ist da ´ne Vermehrung. Nach Adam Riese fängt die ja wohl erst beim dritten an.« Mein Vater habe in dies Gespräch nicht eingegriffen, habe aber die Feier auffallend früh verlassen, sei zurück in den Essener Stadtwald. Wir wohnten sehr lange und sehr schön nicht weit vom Hügel »Heimliche Liebe«, nicht weit von der »Schwarzen Lene« und der »Isenburg«. Neun Monate später kam ich auf die Welt. Im AEG-Betrieb redete man vom »Solljungen«.

Unsere heutige Jugend scheint mir kaum mehr eine Vorstellung davon zu haben, warum und in welchen Notlagen ihre Väter dazu kamen, sich für so ein Regime einzusetzen, für eine Bande, die, soviel ist heute klar, von unglaublichen Dummheiten und von ekelhaften Lügen getragen war, von vollendetster Demagogie und unsäglichem Verbrechertum und die deswegen 1945 ihr ebenso endgültiges wie verdientes Ende nahm. Ich möchte erreichen, dass so etwas wie das »Führerprinzip« – einer allein hat das Sagen – dass alles Diktatorische allgemein und für alle Zeiten als verhängnisvoller Irrweg gebrandmarkt wird.

Damals gelang es mir, da bin ich sicher, im Betrieb der Essener AEG so etwas wie Kameradschaft aufzubauen, und damit meine ich ein allseitig wirksames gegenseitiges Vertrauen. Bei diesem Bemühen unterstützte mich der von der Belegschaft frei gewählte treue und sehr hilfreiche Betriebsrat und ebenso hilfreich war da eine fast immer verständnisvolle Betriebsleitung. Viele gute, ja sogar fröhliche Stunden haben wir erlebt. Die Mitglieder des Betriebsrats wurden zwar von mir vorgeschlagen, wurden dann aber völlig frei gewählt. Für mich war ausschlaggebend, dass im Betriebsrat Leute mitwirkten, die ich für anständig hielt, die sinnvolle und nützliche Ideen hatten und die für ihre Kollegen ihre Pflicht zu tun bereit waren. Die meisten Kandidaten, die ich vorschlug, waren gar nicht in der Partei. Und ihre konfessionelle Zugehörigkeit blieb mir bis zuletzt unbekannt, ich schätze allerdings, die meisten in diesem Essener Betrieb waren katholisch. Nach einem heftigen Disput mit zwei unserer besten Schreibdamen, in dem deren sehr gute Fachkenntnisse offenbar wurden, ging ich anschließend schnurstracks zum Chef und bat darum, deren Gehalt zu erhöhen, mit Erfolg. Sie haben nie erfahren, wer das vorgeschlagen hatte.

Damals wurde ich häufig gebeten, Vorträge zu halten vor den politischen Leitern meiner Ortsgruppe im Essener Süden, auch vor den Versammlungen der Parteigenossen dieser Ortsgruppe oder auch vor der menschlich so sauberen und opferbereiten NS-Frauenschaft unter der mustergültigen Leitung von Frau Trude Thiele, für die ich ganz besondere Hochachtung empfinde.

> In den Deutschland-Berichten der unter den Nazis illegalen SPD heißt es im Mai 1934: »Stimmungsmäßig verfügt die Regierung über den meisten Anhang in der Arbeiterschaft.« Im Januar 1935: »Die Arbeiter sind noch immer stark vom Hitlerismus besessen.« Im Dezember 1935: »An zahlreichen Fahnen ist zu sehen, dass das Hakenkreuz über Hammer und Sichel genäht wurde.«

Unter der Mitregie unseres respektablen und fähigen Ortsgruppenleiters Bösel im Essener Süden konnte ich zum Beispiel eine umfangreiche Arbeit über die akuten Verkehrsfragen im Südteil der Stadt erstellen. Da ging es um Eisenbahnbau, Brücken, Straßenführungen und Kanalisation – vieles davon ist inzwischen verwirklicht, das meiste erst nach diesem hirnlosen, dem entsetzlichen Krieg.

...

Nach solchen recht nüchternen Sachgebieten komme ich nun zur Politik zurück. Da hatte ich, wenn man so will, eine bemerkenswerte Rückwärtskarriere eingeschlagen. Anfangs verkehrte ich ja mit der Berliner Reichsleitung der Partei, zwecks Klärung der volkswirtschaftlichen Fragen, kam dann zur ehrenamtlichen Mitarbeit im Gauwirtschaftsrat, leitete kurzfristig den Kreiswirtschaftsrat, nach den Ernüchterungen dort war ich dann in der Ortsgruppe im Essener Süden Schulungsleiter und einige Zeit Zellenleiter. In den letzten, in den übelsten Jahren aber war ich dann nur noch – und bis zuletzt – Blockleiter. Außerdem war ich in Essen Verbindungsmann der Partei zum Amt für Technik und, zu meinem späteren Schaden, 12 Jahre lang Betriebsobmann in der AEG, wo ich, um es abgekürzt zu sagen, den Nationalsozialismus auf die menschliche und praktische Formel zu bringen versuchte: Kameradschaft.

Zu »Kameradschaft«: Rüdiger Safranski in seiner Heidegger-Biographie (München, 1994): »Er« – Heidegger 1933 – »beauftragte Professor Stieler, einen ehemaligen Korvettenkapitän, mit der Ausarbeitung einer Ehrengerichtsordnung für die Dozentenschaft, die sich an den entsprechenden Regelungen des Offizierskorps ausrichten sollte. Heidegger ... wollte dem Schachern um Gehaltszulagen, Lehrstuhlausstattungen usw. ein Ende setzen, der Geist des Marktes und der ökonomischen Konkurrenz sollte überwunden werden. Deshalb heißt es in dem von Heidegger gutgeheißenen Entwurf der Ehrengerichtsordnung: ›Wir wollen unter uns selbst jenen Geist wahrer Kameradschaft und echten Sozialismus pflegen und immer mehr zur Entfaltung bringen, der im Kollegen nicht den Konkurrenten im Kampf ums Dasein sieht.‹«

> Denkwürdig der alttestamentarische Zorn, den am Beginn des Nazi-Staats der Jude und Theaterkritiker Alfred Kerr seinem früheren Freund Gerhart Hauptmann entgegenschleudert (»Die Diktatur des Hausknechts«, 1934): »Ich weiß, Hauptmann, was Du mir sagen würdest: ›Eine gewaltige Volksströmung …‹ und so. Du belügst – auch Dich. Es gibt Volksbewegungen, die anständig sind … und außerdem ist es keine: sondern, wie Du genau weißt, eine Volksüberrumpelung … eine Knebelung; ein Gemisch menschlicher Rohheit mit grundsätzlicher Lüge.«

Bei meiner Rückwärtskarriere leitete mich so etwas wie der Komplex, auf keinen Fall auf den Krücken der Partei materielle Vorteile zu gewinnen. Hinderlich für irgendeine Art von Karriere war wohl auch, dass ich, obwohl im ersten Weltkrieg aktiv als Offiziersanwärter bei der Marine, absolut unsoldatisch war. So wetterte ich als Marine-Mensch 1914 bis 1918 zusammen mit meinem Kameraden Emil Aretz am liebsten gegen die einfallslose technische Ausbildung als Offiziersanwärter, auch gegen das Zack-Zack bei den Besichtigungen, wo wir wie aus der Pistole geschossen unsere eindressierten Antworten herausschmettern mussten. Damals war ich wohl wirklich eine Art Sonderling, weil ich es zum Beispiel liebte, mit viel Interesse und Freude, im Schiffsbunker, vor den mit Kohle geheizten Kesseln, mit unserem Kameradschaftsführer Rommelskirchen (der im Frieden dann Ober-Ingenieur bei Siemens wurde) über Philosophie zu diskutieren oder mit ihm den »Faust« zu lesen.

Ich konnte einfach nicht stramm stehen, was mir dieser freundlich gesonnene und musisch veranlagte Ober-Ingenieur immer wieder belustigt vorwarf. Ich konnte das wirklich nicht, zumal ich beim Anblick der kommandierenden Vorgesetzten jedesmal von der Vorstellung durchzuckt war, wie dieser brüllende Mensch wohl als Kleinkind in Windeln ausgesehen haben mochte oder auch jetzt und hier in seiner Unterwäsche.

Als ich einmal im Kesselraum unseres Schiffes die Wache leitete, mischte sich ein alter und verbrauchter Vorgesetzter in meine Anordnungen beim Feuerreinigen und tat das ganz und gar unfachlich, also mit falschen Gegenanordnungen. Ich bat ihn, die Wache selbst zu übernehmen, weil ich die Verantwortung für seine Fehler nicht übernehmen wollte. Der Erste Offizier kannte ihn und verstand mich, aber er musste mich dennoch bestrafen, widerwillig. Die Ehemaligen von der damaligen Crew, fast alle freiwillig 1914 zur Marine gemeldet, sie kennen meinen Eigensinn bis heute, mit ihnen verbindet mich auch jetzt noch, über alle fürchterlichen Zeiten hinweg, eine treue Kameradschaft.

In der gleichen Richtung lag nach 1933 auch meine Abneigung gegen die für meinen Geschmack völlig stumpfsinnigen Propagandamärsche der Partei. Ich machte die einfach recht schnell nicht mehr mit. Als entscheidend für jede Form von »Propaganda und Volksaufklärung« wertete ich die eigene Leistung, das persönliche Vorbild. Hinzu kommt, dass ich es bei meiner Firma mit ungewöhnlich interessanten Aufgaben zu tun hatte. Zu meinen Arbeitskameraden entwickelte sich bei all dem ein bestes Verhältnis, ja, ein Treuegefühl auch zu den Vorgesetzten. Eine Empfehlung meines Chefs an die Parteispitzen, mir im Betrieb eine gleiche Stellung zu geben wie ihm selbst, stieß auf taube Ohren. Bei den Oberen in der Partei erschien ein Betriebsobmann, der diese ehrenamtliche Arbeit aus »verstiegenem Idealismus« auf sich genommen hatte, wahrscheinlich als verquer, jedenfalls als schwer disziplinierbar. Anpassung und Stromlinienhaltung war auch im Konzern leider nun erst recht eine gefragte Eigenschaft. So blieb es bei mir lebenslang nur beim Ober-Ingenieur. Und ich bekam dann, nach 1945, nach 23 Betriebsjahren, meine fristlose Entlassung. Ohne irgendeine Pension oder Abfindung.

Im Essener Süden war ich also am Ende Blockleiter und blieb es bis zuletzt. Denn schon bald hatte ich die Überzeugung gewonnen, dass ich auf der untersten Stufe der Partei-Hierarchie, im unmittelbaren Umgang mit den einzelnen Menschen viel mehr bewirken und helfen konnte als auf den höheren Ebenen, die mir mehr und mehr zweifelhaft erschienen, zweifelhaft nicht nur unter politischen Aspekten, sondern auch unter den Gesichtspunkten, die ich im Persönlichen für wichtig hielt, zweifelhaft unter den Kriterien Moral, Kameradschaft, Hilfsbereitschaft, Vorbildlichkeit.

Meine Beziehungen nach Berlin suchte ich auch »von unten« her gelegentlich auszunutzen, wann immer ein Problem auftauchte, mit dem wir im Ruhrgebiet nicht fertig wurden, auch dann, wenn die Benennung dieses Problem eine bedenkliche Kritik an denen da oben bedeutete, Kritik hinauf bis zur Reichsführung.

Meine Neigung zum Kritisieren und Protestieren erklärt sich möglicherweise aus der Tatsache, dass unter meinen Vorfahren seit Luthers Zeiten mehr als 50 protestantische Pfarrer sind, was ich schon in den zwanziger Jahren hatte ermitteln können, also schon vor 1933, in einer Zeit, als genealogische Forschungen noch kaum üblich gewesen waren. Auch bei der Marine hatte ich bisweilen zu hören bekommen, ich hätte Theologe werden sollen.

Als Blockleiter sah ich meine Aufgabe darin, direkt und praktisch zu helfen. Bei etwa 140 Personen in meinem »Block« im Essener Stadtwald gab es ständig akute und gute Portionen Arbeit, da drängten immer mal wieder Notfälle. Überdies hatte Ortsgruppenleiter Bösel sich angewöhnt, denjenigen Familien im Essener Süden, die im Krieg an den zahlreichen Fronten einen Angehörigen verloren hatten, solch bittere Nachrichten durch mich zukommen zu lassen. Nicht nur in meinem Block im Stadtwald, sondern auch weit drumherum. Ich muss wohl nicht erst betonen, dass dies von Mal zu Mal ein schwerer, ein furchtbarer Gang war, dem ich mich aber nicht entziehen durfte. Denn die Schwere, die ich da als Bote auszuhalten hatte, die stand nun mal in keinem Verhältnis zu dem Leid, dass da jedesmal über diese Familien kam.

Auch in dem, was ich aus meinem Häuserbezirk zu berichten habe, will ich das Negative keineswegs unterschlagen. Ein Bergmann zum Beispiel bat mich um Hilfe wegen seiner Steinstaublunge. Mit dieser fürchterlichen Erkrankung – mit dieser fast immer unheilbaren – könne er, sagte er, die schwere Arbeit unter Tage nicht mehr leisten. Aber er wollte keine Invaliditätsrente, die brächte ihm zu wenig Geld, er wollte nur eine leichtere Arbeit. Er bekam, was er wollte, eine Arbeit übertage. Und er erfreut sich noch heute einer leidlichen Gesundheit. Ob er je erfahren hat, wie das damals zustande kam, weiß ich nicht, fast täglich sehe ich ihn auch heute noch und wir unterhalten uns über das Wetter.

Ein Konstrukteur der Firma Krupp war nach einem Missverständnis entlassen worden, der lebte von einer winzigen Rente unter dürftigen Verhältnissen mit einem Beinleiden in der Mansarde seines Hauses. Noch nie sah ich so tiefe Sorgenfalten wie bei seiner Frau. Auch mit seinem Beinleiden hätte er durchaus noch arbeiten können, zum Beispiel im Konstruktionsbüro bei Krupp, dort gab es immer wieder auch leichtere Arbeiten, zufällig kannte ich seinen früheren Chef, den ich aufsuchte und der ihm schnell wieder einen angemessenen Arbeitsplatz geben konnte. Er wie auch der Bergmann, beide waren keine Parteimitglieder.

Stanislaus Fuchs, in den zwanziger und dreißiger Jahren der große Mime am Essener Theater, an der Bühne einer Stadt mit damals immerhin mehr als 650 000 Einwohnern, der hinreißend gespielt hatte zum Beispiel als Zuckmayers »Hauptmann von Köpenick« oder als Molières »Eingebildeter Kranker« – zeitweilig war Fuchs auch Intendant der städtischen Bühnen – dieser Mann war nicht ganz unschuldig daran gewesen, dass in den Zwanziger Jahren, nach dem Einmarsch der französischen Militär-Besatzung im Ruhrgebiet, bei einer Wilhelm-Tell-Aufführung das Publikum sich zum Rütlischwur von den

Plätzen erhob und mit lauter Stimme mitschwor. Fuchs wohnte in unserem Mietshaus im Sundernholz, oberhalb von Dr. Enoch. Später, nach unserem Umzug in die Drosselstraße, gehörte der Sundernholz nicht mehr zu meinem Block. Der einst so wendige und lebensfrohe Schauspieler war inzwischen alt geworden und klagte mir sein Leid, immer seltener bekäme er Gelegenheit, Schauspielunterricht zu geben, seine Einnahmen wurden geringer, die Not klopfte an seine Tür.

Nach meinem entsprechenden Vortrag beim sehr fähigen Oberbürgermeister Dillgardt sorgte das Stadtoberhaupt für eine Altersrente. Zur Erinnerung an diesen Vielgeliebten möchte ich nicht unterschlagen, wie einer seiner letzten Auftritte aussah, eine verzweifelte Situation war das, wo er auf der Bühne nicht nur mimisch Krankheit darzustellen hatte, sondern auch tatsächlich so gottserbärmlich krank war, dass er sich nur unter Schmerzen bewegen konnte und seine Auftritte nur noch mit tatkräftiger Unterstützung durch seine Bühnenkollegen bewältigte. Da hatte er nun ausgerechnet ein letztes Mal den »Eingebildeten Kranken« zu spielen. Meine Frau und ich waren mit ihm zum Theater gefahren und er erlebte einen ebenso schmerzlichen wie großartigen Schluss-Erfolg seiner Theaterkarriere. Molière selbst soll in dieser Rolle sein Leben ausgehaucht haben.

In einem Kellergeschoss meines Blocks wohnte ein Maurer der Firma Krupp, wohnte dort mit seiner Frau und mit vier Kleinkindern. Die Frau führte den beengten Haushalt vorbildlich, der Mann arbeitete als sehr guter Fachmann. Eines Tages fuhr er mit seinem Rad nach dem

Dienst mit soeben erarbeiteten 100 Reichsmark nach Hause, fuhr aber über einen Umweg, weil er die 100 Mark als Anzahlung für ein Siedlungshaus bei einer Bank abliefern wollte. An ihn musste ich immer denken, wenn ich meinen Vorschlag von der Hausbau-Währung mal wieder neu durchrechnete und diskutierte.

In der Kronprinzenstraße, auf dem damaligen Ruhrschnellweg geriet der Maurer in eine sehr vertrackte Verkehrssituation – dauernd läutete hinter ihm eine Straßenbahn, eine andere kam ihm entgegen, zwischen den Gleisen und dem Bordstein gab es an dieser Stelle der Kronprinzenstraße keine Ausweichmöglichkeit, so dass er keine andere Möglichkeit mehr sah als vor der heranbimmelnden Straßenbahn nach links auszuweichen, wo er unter einen entgegenkommenden Lastwagen geriet.

Er muss sofort tot gewesen sein. Seiner verzweifelten Witwe – ohne jedes Vermögen – versprach ich zu helfen. Das war leichter gesagt als getan. Es gab einen Rattenschwanz von Schwierigkeiten und Prozessen. Die Berufsgenossenschaft lehnte jede Zahlung ab, wegen des Umwegs, den der Mann auf seinem Heimweg von der Arbeit gefahren war, die Genossenschaft fühlte sich nur für den Weg von und zur Arbeit zuständig. Auch eine andere Versicherung verweigerte die vertraglich vereinbarte Summe von 500,– Reichsmark – weil er mitschuldig gewesen sei.

Die Prozessakten besitze ich noch jetzt, eine prekäre Lage war das. Ich muss aber sagen, dass ich am Ende die tatkräftigste Unterstützung aller von mir angesprochenen Instanzen erhielt, auch der Partei-Instanzen. In unserer

Bedrängnis wandte ich mich mit der Witwe unter anderem an den Doktor Robert Ley, sogar an das Propagandaministerium, auch an die Firma Krupp, persönlich an Frau Krupp von Bohlen und Halbach. Leider arbeitete die Verwaltungsjustiz auch damals sehr langsam, doch schließlich wurden die Prozesse für die Witwe allesamt gewonnen. Und am Schluss hatte sie nicht nur ein kleines Vermögen von einigen tausend Reichsmark, auch ihr Siedlungshaus mit sechs Zimmern und Garten ist schließlich so, wie ihr Mann dass geplant hatte, am Flughafen Essen-Mülheim errichtet worden, was für sie monatlich zwar eine Belastung von RM 45,– bedeutete, aber das Einkommen der Frau war inzwischen wesentlich höher als zuvor das ihres Gatten. Der Partei hatten auch diese beiden Leute nicht angehört.

Solche Begebenheiten, meine ich, gehören ebenfalls zur historischen Wahrheit über die NS-Zeit. Bei einer Einladung in das Kolpinghaus habe ich eines Tages – noch im Frieden – auch vor katholischen »Kolpingbrüdern« geredet und hab diesen frommen Leuten unter anderem wörtlich gesagt: »... auch wir fassen unsere Aufgabe auf wie einen Gottesdienst. Wer sich vornimmt, der Menschheit zu dienen, der muss, so meine ich, würdig sein dieses Dienstes. Und zwar Tag für Tag – welch einen gewaltigen Unterschied erleben wir heute im Vergleich zu jenem Hurrapatriotismus in der Zeit vor 1914. Damals kannte man das Vaterland nur an den Sonntagen. So wie ein nationalsozialistisches Deutschland die beste Voraussetzung sein wird für den Frieden im Inneren, so wird es zugleich auch die beste Grundlage schaffen für einen

Frieden in Europa. Und für diesen Frieden muss unter den europäischen Völkern Gleichberechtigung herrschen. Genauso wie wir jederlei Germanisierung unserer Nachbarvölker ablehnen, genauso lehnen wir umgekehrt auch die Vergewaltigung unseres eigenen Lebens ab.«

Nun hat aber der Verlauf der Geschichte in aller Härte das Gegenteil all dieser Friedenshoffnungen geliefert. Damals, als die Berliner Führung noch nicht in Prag hatte einmarschieren lassen, da schien es mir, als ob sich Hitler an seine anfangs verkündeten friedvollen Grundsätze tatsächlich hätte halten wollen.

Frank Lloyd Gorge, englischer Premier während des ersten Weltkriegs und während der Versailler Konferenz Chef der britischen Liberalen, am 17.September 1936 im »Daily Express«: »Ich bin eben von einem Deutschlandbesuch zurückgekehrt und habe jetzt den berühmten deutschen »Führer« gesehen ... Was immer man von seinen Methoden halten mag – es sind bestimmt nicht die eines parlamentarischen Landes – er schuf zweifellos einen wunderbaren Wandel im Denken des Volks. ... Zum erstenmal nach dem Krieg herrscht ein allgemeines Gefühl der Sicherheit ... über das ganze Land verbreitet sich eine Stimmung allgemeiner Freude. Es ist ein glückliches Deutschland ... Er ist der geborene Menschenführer, eine magnetische, dynamische Persönlichkeit, mit einem entschlossenen Willen und einem unerschrockenen Herzen ... Die Alten vertrauen ihm, die Jungen vergöttern ihn ... Er ist der George Washington Deutschlands.«

Ich selbst konnte am 12.3.1938 bei einem Urlaub in Tirol miterleben, mit welch überschwänglicher Begeisterung in Österreich der Einmarsch deutscher Soldaten begrüßt wurde. Solch hohe Wogen des Jubels wie in Innsbruck habe ich nie zuvor und nie später beobachten können.

An den Urlaubsfahrten der Freizeitorganisation der Nazis »Kraft durch Freude« nahmen zum Beispiel 1938 mehr als zehn Millionen Menschen teil.

Eines Tages kam ich ohne Kenntnis der neuesten Entwicklung wiederum von einem Ski-Urlaub nach Innsbruck, plötzlich flogen am Maria-Theresia-Platz abermals die Hüte in die Luft, wieder wurde da gejubelt und ich fragte die Leute nach dem Grund. »Eben ist die Meldung gekommen, Südtirol wird gleichfalls frei.« Mir tat das weh, denn ich wusste, dass das nicht stimmte. Dass Hitler und Mussolini sich anders entschieden hatten, dass Südtirol bei Italien bleiben würde und dass die Südtiroler zum Auswandern genötigt werden sollten.

Wenig später schickte das »Altreich« ausgerechnet die härtesten und »stursten« – so hieß das damals – politischen Leiter nach Österreich, eine sehr überflüssige und dumme Entscheidung, das wirkte wie eine Beleidigung dieses sympathischen Volkes. Die strammen und verbohrten NS-Funktionäre versauten durch ihr »preußisches« Auftreten ähnlich viel Kredit wie das vormals unter den Preußen in Elsass-Lothringen geschehen war. In einem Schreiben ans »Schwarze Korps« hab ich darüber bittere Klage geführt. Besonders übel benahm sich in

Österreich der Dr. Robert Ley, genannt der »Reichstrunkenbold«, den ich noch kurz zuvor um Hilfe für meinen verunglückten Arbeitsmann hatte bitten müssen.

Mit dem Einmarsch in Prag hat Hitler dann den Keim zum Untergang gelegt. Ganz offenkundig hat er hier, so sah ich das, seine großartig verkündeten außenpolitischen Ideen zum erstenmal verletzt, auch für mich zeigte sich dies endlich in schmerzlicher Deutlichkeit. Damals tat er das angeblich, weil der tschechische Präsident das so gewollt hätte, so wurde es jedenfalls verbreitet. Auch diese Legende erwies sich als Lüge des Propaganda-Ministers.

Die sogenannte »Kristallnacht«, die Brandschatzung der jüdischen Gotteshäuser, erschien mir auf Anhieb als eine üble Entgleisung der Bevölkerung, das stimmte mich sehr traurig, vor allem deswegen, weil sie von oben so dargestellt wurde, als sei dieser Vandalismus von unten her, als sei das spontan aus dem Volk heraus geschehen. Für unmöglich hatte ich es angesehen, dass eine auf hoher Kulturstufe stehende Bevölkerung wie die deutsche auch im 20sten Jahrhundert noch zu einem Pogrom in der Lage war, zu Hetzjagd und Gewalttaten gegen Minderheiten. Wie passte solch ein Mittelalter zusammen mit dem, was mir als Ideal vorschwebte, mit einer fortschrittlich sozialen Kameradschaft und Volksgemeinschaft.

Für das antisemitische Hetzblatt »Der Stürmer« hatte ich nie einen Pfennig ausgegeben, hatte dieses Blatt auch niemals in der Hand – sicherlich ein Fehler. Der Anblick in den Aushängekästen verriet mir genug, der zeigte allzu deutlich schon in den Schlagzeilen und Bildern nichts als Schwachsinn und Plattheiten, diese Hetze der Parolen und Karikaturen fand ich widerlich und peinlich und ich habe darüber zwar geschimpft, aber leider keine ernstlichen Gedanken angestellt, weil ich diese Primitivität nur noch für abartig hielt, diese verstiegene Clique mit ihren lächerlichen, ja kriminellen Ideen vom germanischen Herrenmenschen.

In allem immer noch mal Zweifel. Ob er nicht hätte sehen können und müssen. Wie jüdische Menschen abtransportiert wurden. Da bleibt dann als Antwort immer nur, dass dort, wo er Blockleiter war, keine Juden wohnten – außer denen, die er in dieser Schrift genannt hat. Und dass er einer war mit großartigen Innenbildern. Selten mit einem Blick nach außen, zum Gegenüber. Einmal hatte die Mutter mir die Haare kurz geschnitten (1940, ich war vier), der Vater kam von der Arbeit, schon auf der Straße drängte ich mich an ihn, er schreckte zurück. Entschuldigte sich dann – er habe gedacht, ein fremdes Kind, warum so zutraulich.

Um 1931 herum hatte ich in Berlin ein vielstündiges Gespräch mit einem jüdischen Arzt, der mir einleuchtend und freundlich seine Meinung über den deutschen Antisemitismus sagte. Er zeigte zum Beispiel Verständnis dafür, dass ich mich über die jüdische Finanzherrschaft aufregte, wobei er bemerkte, dass ich nicht klar unterschied, ob ich nun einfach nur die Finanzherrschaft beklagte, das Zinsdiktat der Banken oder das Judentum oder alles drei zugleich. Dieser Arzt sagte mir 1931, er erlaube christlichen Lehrern ebenfalls nicht, seine Kinder zu erziehen, und er verstehe andererseits vollkommen, wenn christliche Eltern einen jüdischen Schulrat Löwenstein ablehnen würden. Er dachte sehr viel nach und beschwerte sich über akute Zwischenfälle. Er wünschte sich eine faire Art von Synthese, dachte an eine Apartheid, aber nicht etwa im Getto-Sinne. Das war damals eine lebhafte Unterhaltung mit diesem klugen Mann, wir redeten ohne Zuhörer, das war eine Diskussion über mehrere Stunden zwischen zwei Menschen, die sich zu verstehen versuchten, und ich freue mich nun über die Erinnerung, wonach er am Ende auch mir, dem »Nazi«, Fairness attestiert hat.

Statt dessen aber nun diese Pogrome. Wobei man von Berlin aus leider mit Erfolg die Mär verbreitete, diese Zerstörungen und Brandschatzungen seien spontan gewesen und vom Volk ausgegangen. Wäre klar geworden, dass es sich bei dieser Vernichtung der jüdischen Gotteshäuser nur um ein von oben zentral gelenktes Propaganda-Programm gehandelt hat, dann hätte man dagegen mit Massen-Austritten aus der Partei rechnen dürfen, dann hätte man klar gewusst, wogegen man opponieren musste. Für mich blieb vorerst nur die Trauer, dass es in Deutschland solch einen primitiven Mob tatsächlich gegeben haben sollte. Ich hatte beim täglichen Umgang im Ruhrgebiet, beim Umgang mit dem »Mann auf der Straße« andere Erfahrungen, an der Ruhr hatte man seit je gute und praktische Übungen im Umgang mit Leuten aus den verschiedensten Regionen.

Erheblich weniger aufgeregt hat mich die Röhm-Affäre. Dieser aufgeschwemmt dickliche SA-Führer Röhm war für mich schon immer geradezu der Prototyp jener

Funktionäre gewesen, die ich wiederholt und immer wieder in meinen Schreiben an die Reichsleitung als Bonzen beschimpft hatte, als verantwortungslos und egoistisch, als das totale Gegenteil zu den Vorbildern, die ich mir in den oberen Rängen wünschte. Diesen SA-Chef Röhm konnte ich partout nicht ausstehen und hoffte nach dem Ende der Affäre sehr, dass mit solchen Erscheinungen nun für immer Schluss sei. Was da im Einzelnen ablief, welch brutale Mafia-Methoden auf beiden Seiten praktiziert wurden, das wurde dann ebenfalls erst viele Jahre später bekannt.

Im zweiten Weltkrieg

Nunmehr der Sprung in diesen absolut unverzeihlichen Krieg der »Herrenmenschen«. Scheinbar wegen eines Streits um den polnischen Korridor zwischen Ostpreußen und dem Reichsgebiet. Dieser Krieg war auf besonders lächerliche Weise vom Zaun gebrochen worden, absolut sinnlos, so wie Kriege sich bekanntlich hinterher noch jedesmal als von Grund auf sinnlos, als dumm und verhängnisvoll erwiesen haben, verlustreich für alle Seiten – es sei denn, es handelte sich um die Befreiung von einer Diktatur oder um die Verteidigung gegen einen Aggressor. Auch die Forderungen nach einem Korridor durch polnisches Gebiet waren, ohne dass ich davon wusste, wieder nur Ausreden gewesen, Propagandalügen. Als hätte die Deutschen sich vor den Polen »schützen« müssen –

Wie hatte der Kanzler geredet? »... gerade uns beseelt tiefstes Verständnis für begründete Lebensansprüche anderer Völker ... Das deutsche Volk hat zu sehr unter dem Wahnsinn des Krieges gelitten, als dass es je beabsichtigen könnte, anderen das gleiche zuzufügen .... Es ist unser unerschütterlicher Wille, mit anderen Völkern in Frieden und Freundschaft zu leben.«

Ähnlich auch Goebbels: »Der Frieden muss auf jeden Fall erhalten werden. Krieg wäre das größte

Unglück für die Welt, ganz gleich, ob es sich am Ende um Sieger oder Besiegte handelt.«

Gleich nach Kriegsausbruch, schon am 5. September 1939 schickte ich dem damaligen Reichswirtschaftsminister Funk Vorschläge, wie man eine Währung auch in einem Krieg stabil halten könnte. 1931 hatte ich in meinen Abhandlungen noch keinerlei Gedanken daran gewendet, dass wir so bald wieder eine Wehrmacht großen Stils haben würden, hatte da völlig vernachlässigt, dass eine Wehrmacht und erst recht ein Krieg, abgesehen von allen menschlichen Übeln, ungeheuerliche Ansprüche an die Stabilhaltung jeder Währung stellen und tiefgreifende Maßnahmen unerlässlich machen würden. Wehrmacht und Krieg verdarben nun nicht nur all die vielen humanen Pläne, die es damals ebenfalls gegeben hat, sie verdarben nun auch vollkommen mein ökonomisches Konzept, das doch als wesentliche Forderung enthielt: Arbeitsleistung gleich Kaufkraft. Dagegen wurden nun auf Jahre hinaus diese zahllosen nicht konsumfähigen Produkte hergestellt, dieses total Unnütze, ja Schädliche und Unmenschliche. Die Stadt Essen mit ihren Krupp-Werken hieß nun »Waffenschmiede des Reichs«. Damals schlug ich der Reichsleitung eine rigorose Wende in der Steuerpolitik vor.

Hitler hatte, wie ich heute weiß, schon in Prag alles verdorben, hatte die ihm wohlwollend entgegenkommenden Engländer rigoros vor den Kopf gestoßen, hatte deren Glauben an seine friedlichen Absichten so von Grund auf getäuscht, dass die Engländer nun den Polen Schutz gewähren *mussten*. Aber was ahnte ich damals schon von all dem. Noch während der »Sudetenkrise«, in der Zeit der Prager Ereignisse 1938 habe ich bei allen Gesprächen die feste Überzeugung vertreten, dass es unter keinen Umständen zu einem Krieg kommen werde, denn ich glaubte grundsätzlich an die Unantastbarkeit anderer Nationen, und bis dahin hatte man ja auch nichts anderes von unserem »Führer« und seinen Gesellen zu hören bekommen.

Während der Kriegsjahre war uns dann jahrelang überhaupt nichts bekannt von der Vergewaltigung des tschechischen Präsidenten in Berlin und konnten wir uns die Kriegserklärung der Engländer und der Franzosen überhaupt nicht erklären. Erst nach 1945, erst seit den Nürnberger Prozessen wurde mir die damalige Reaktion Englands und Frankreichs nachträglich verständlich.

Von irgendeiner Kriegsbegeisterung in Deutschland habe ich 1939 nichts bemerkt, obwohl auch in diesem zweiten Weltkrieg überaus tapfer und opferbereit gekämpft worden ist, anfangs in vorgeblicher Verteidigung gegen »polnische Aggressionen«. Wer von uns wusste damals denn schon auch nur vom Betrug etwa um den Sender Gleiwitz, mit dem alles angefangen haben sollte (Polen hätten, hieß es, einen deutschen Sender an der Grenze besetzt), gleich am Beginn, schon bei Hitlers pathetischer Erklärung »ab fünf Uhr früh wird zurückgeschossen« stand wieder eine dieser üblen Täuschungen eines gutgläubigen, eines im Politischen allzu ungeübten Volks. Und da ich selber auf einem einsamen Heidehof aufgewachsen bin, muss ich wohl auch von mir selber bekennen, ich war in allem anderen besser geübt als im politischen Ränkespiel.

> »Hitler kam von ganz unten, aus dem namenlosen Nichts des Volkes, hatte als Mann ohne Vermögen, ohne einflussreiche Verwandtschaft, ohne Abitur und Studium, ohne jegliche Berufsausbildung eine Karriere gemacht, die nur mit der des armen Bauernjungen aus alten deutschen Volksmärchen zu vergleichen war, der es bis zum König zu bringen pflegte.« (Eva Sternheim-Peters, *Habe ich denn allein gejubelt?* Köln, 2000. Vgl. aber die Anmerkungen auf S. 94 f.)

Nur für eine einzige Kriegs-Idee hätte es in diesem Volk annähernd ein Verständnis geben können, für eine Idee, die aber offenbar gar nicht vorgesehen war und die dann in der Propaganda 1939 auch gar keine Rolle gespielt hat. Das wäre die Idee eines Widerstands gegen den Stalinismus gewesen, gegen die Konzentrationslager in Russland, gegen die Geheimdienste in Moskau, gegen das materielle wie seelische Elend breitester Massen in den Weiten des russischen Raums, gegen die Genickschüsse dort, denen auch die einstigen Mitkämpfer Stalins zum Opfer fielen. Die Befreiung des russischen Volkes von einer unfassbaren Tyrannei, das hätte die Idee sein können, die damals allgemein akzeptiert worden wäre.

Außer Panait Istratis »Russland nackt« hatte ich mehrere russische Schriftsteller gelesen über den »verratenen Sozialismus«. Zum Teil hatten diese Autoren das Vegetieren in den russischen KZs mit ihren Schrecken und

Qualen so drastisch geschildert, dass sich das Gewissen jeden Lesers aufbäumen musste und dass sich der Gedanke an eine Befreiung dieses gequälten Volkes förmlich aufdrängte. Nach Kriegsende habe ich mit Angehörigen vieler russischer Völker gesprochen, die immer wieder und einhellig erklärten, wir hätten nur den Anfang machen sollen, den viel größeren Rest eines Aufruhrs gegen die Kreml-Tyrannei hätten sie dann schon allein besorgt. Weiß denn die Welt, wie oft die deutschen Soldaten im Osten anfangs mit Blumen und mit Tränen der Freunde begrüßt wurden, als Befreier? Ach, und wie sehr haben wir dann auch diese Begeisterung enttäuscht, mit hirnlosen, mit absolut menschenverachtenden Maßnahmen.

Natürlich lässt sich über die Idee eines jeden Kreuzzuges streiten. Wie aber, wenn solch ein Befreiungskampf im Auftrag und unter Mitwirkung der gesamten zivilisierten Welt stattgefunden hätte? Auch im privaten Leben, wenn man einen bedrängten Menschen sieht, dann muss doch ein moralischer Mensch Hilfe leisten. Statt dessen lief seit 1939 in der Wirklichkeit ein nackter Eroberungskrieg, der, wenn man «Mein Kampf« gründlich analysiert hatte, in diesem Buch durchaus schon angekündigt worden war. Angeblich war das alles also ein Kampf um »Lebensraum« und es war ein Kampf gegen den »Untermenschen«. Wobei sich aber der Hauptschuldige mit seinen führenden Gefährten selber als »Untermensch« höchsten Grades entpuppt hat, wenn ich auch meine, man sollte solche Kategorien überhaupt für alle Zeiten verbannen, notfalls unter Strafe stellen, denn jede pauschale Verurteilung von Menschen hat sich noch immer gerächt. Heute, da es die Sowjetunion immer noch gibt, wäre ein solcher »Kreuzzug« endgültig verhängnisvoll, denn inzwischen gibt es – auf beiden Seiten – die Atombombe.

Im Herbst 1943 bekam ich von der Berliner Parteileitung den Auftrag, einen »völlig ungeschminkten Bericht« über die Stimmung im Volk zu verfassen. Dieser Auftrag stammte entweder vom »Ministerium für Propaganda« oder von Alfred Rosenberg, jedenfalls hat Ortsgruppenleiter Bösel das Abfassen mir anvertraut. Diesem Arthur Bösel war ja bekannt, dass ich mich gerne in Form von Denkschriften äußerte. Den neuen Auftrag nahm ich wahr wie ein gefundenes Fressen und von all dem, was mir bis dahin im Betrieb und in meinem Block und sonstwo zu Ohren gekommen war, verschwieg ich nun rein gar nichts mehr.

Obendrein machte ich auf eigene Faust Umfragen, und es mag kennzeichnend sein, dass es vor allem weibliche Mitarbeiter unserer Belegschaft waren, die glaubten, mir ihre ehrliche Meinung anvertrauen zu können, ohne in Gefahr zu geraten. Wir Männer sollten wissen, dass uns die Frauen im Schnitt in der Beurteilung ihrer Mitmenschen überlegen sind. Es waren freilich auch Männer unter meinen Informanten, die sich jedoch sehr viel zurückhaltender äußerten als die Frauen, die Männer waren misstrauischer.

In einem ersten Schreiben schilderte ich vor allem die Lage der schwerst arbeitenden Bergleute und Stahlarbeiter im Ruhrgebiet, deren Situation im Bombenkrieg beschrieb ich mit drastischen Schilderungen und bezeichnete sie als Überforderung. Ich verlangte bessere Betreuung, bessere Ernährung, bessere Erholungsmöglichkeiten, wofür die gesamte Volkswirtschaft einzutreten hätte, da unsere Volkswirtschaft im Frieden wie im Krieg auf der Kohle-Energie und der Stahlproduktion basiere.

In einem zweiten Teil beschäftigte ich mich dann mit der Propaganda und mit den Reaktionen in der Bevölkerung und mit Fällen von Korruption und Bereicherung auch in den höheren Ebenen von Partei und Regierung und merkte nur sehr allmählich, auf welch heikles Gebiet ich mich begeben hatte.

Die Briefe nach Berlin

Die Empfindlichkeit der Deutschen für das, was »wahr ist oder was ›nur Propaganda‹ ist, erweist sich als erstaunlich gut entwickelt und dem sollte in Berlin unbedingt Rechnung getragen werden. Jede Unwahrheit rächt sich und untergräbt das Vertrauen. ... Bedauerlich bleibt die negative Wirkung unserer Propaganda zum Beispiel in den besetzten Gebieten Frankreichs, Belgiens, Hollands, Dänemarks und Norwegens, was korrigierende Berichte unserer Soldaten von dort immer wieder bestätigen. Wer als ein Angehöriger dieser Nationen auf der deutschen Seite kämpft, wird in diesen Ländern in Wahrheit scheel angesehen, wird als »Verräter« verachtet. Da uns nur deutschsprachige Sendungen und Zeitungen zugänglich sind, kann ein Urteil über unsere dortige fremdsprachige Propaganda nicht gefällt, jedenfalls weiß unsere Aufklärung die Menschen in diesen besetzten Ländern offenbar keineswegs zu überzeugen von der Güte und dem Segen des Nationalsozialismus. ...

Während der Russe es offenbar hinnimmt und als durchaus in der Ordnung ansieht, wenn im Kreml den dort Waltenden in Hülle und Fülle die erlesensten Genüsse zur Verfügung stehen, obwohl die große Masse in grauenvollem Elend leben muss, ist dagegen in England, wo Reichtum als eine Gnade Gottes gilt, das arme Volk geradezu stolz, wenn es seine oberen Zehntausend immer aufs Neue in Gala auffahren und prassen sieht. Und während das französische Volk lange Jahrzehnte die tollsten Korruptionsskandale mit den Spitzen seiner »Demokratie« als pikante Unterhaltung zu genießen scheint und seit langem nicht mehr daran denkt, diese Führungsschichten revolutionär zu beseitigen, legt der Deutsche in seinem Objektivitätsfimmel ganz offensichtlich einen sehr viel strengeren Maßstab an die Eigenschaften seiner führenden Figuren an, Maßstäbe, die er nicht mal für sich selbst als gültig ansähe. Dabei ist es höchst interessant und scheint es mir sehr wichtig, ja wohltuend, dass unsere Bevölkerung in fast all diesen Fällen der Kritik vor allem die mangelnde nationalsozialistische Haltung beanstandet. Und das tun sie zum Beispiel, indem sie fragen: Was hat dieser leitende Mensch früher besessen, über was verfügt er heute? und womit hat er sich das verdient? Wir hier unten müssen opfern und opfern und die da oben, die opfern sich gesund!«

Hitler, obwohl oberster Räuber und Bereicherer, gab sich und galt als Mann eines »bescheidenen Lebensstils« (siehe Anmerkungen S. 20 und 29), dem man die Dauerparole widmete »Wenn das der Führer wüsste«. Für solche Unschuldsvermutungen hatte u.a. ein »Führer-Erlass« im März 1942 gesorgt »über die Lebenshaltung führender Persönlichkeiten«, worin Hitler eine »vorbildliche Haltung« verlangte, »peinlichst genau und selbstverständlich«. Dieser Erlass und die wenig später gehaltene Reichstagsrede Hitlers am 26.4.1942 könnte meinen Vater zu seinem waghalsigen Brief ermutigt haben. Hitler hatte gefordert, alle »Pflichtvergessenen ... aus Amt und Stellung zu entfernen ohne Rücksicht, wer er auch sei oder welche erworbenen Rechte er besitzt.« – Was damals nicht zu wissen und kaum zu ahnen war: Minister Goebbels bezog im Jahr 1943 Einnahmen von 424.317 Reichsmark (ein Ruhr-Bergmann verdiente pro Jahr höchstens 2400 RM), Hitler »besaß« mehr als 5000 Gemälde »Alter Meister« (für die der Louvre nicht genügend Platz gehabt hätte), »Reichsmarschall« Göring bezog ein Vielfaches der Goebbels-Einkünfte und bezahlte an Steuern im selben Jahr 195 Reichsmark. – Meines Vaters »Stimmungsbericht« geht folgendermaßen weiter:

»Berichte von Menschen, die aus München zurückkehren, drehen sich mit wüstem Geschimpfe um einen »Bonzenteich«, um Wohnpaläste unserer führenden Parteigenossen. Zum Beispiel soll sich Reichsorganisationsleiter Dr. Ley in Berlin einen pompösen Luftschutzkeller zugelegt haben – weil angeblich der Führer mal während eines Alarms bei ihm zu Besuch sein könnte. Und wann immer in den Zeitungen Reichsminister Dr. Goebbels im Kreise seiner Familie abgebildet wird, gehen sofort die Witzeleien los, und keineswegs in gutem Sinne, sondern mit dem Seitenblick auf glatte Ehebrüche und auf die »leidende arme Ehefrau«.

Im Osten tauchen immer neue russische Tanks auf, immer neue russische Flugzeuge, immer wieder »frische Menschenmassen«, wir »vernichten« und »vernichten« –

sie aber, die Russen, sie wollen einfach nicht weniger werden, wollen nicht verschwinden oder endlich aufgeben. Wie eine unheilvolle Ahnung überkommt da manch einen der Gedanke, diese russischen Massen an Menschen und Material seien womöglich unendlich, seien jedenfalls in dieser riesigen Anzahl von unserer geheimdienstlichen Aufklärung keineswegs zuvor ermittelt worden. Schuld an diesen düsteren Gedanken ist der anfänglich von der Propaganda leichtfertig verbreitete Glaube, mit den Bolschewisten, mit diesen slawischen »Untermenschen« würden unsere Soldaten im Handumdrehen fertig. Oder die Völker der Sowjetunion würden sich sogar gegen die eigene tyrannische Herrschaft erheben, die russischen Soldaten würden ihre Waffen hinwerfen. Auch der Führer selbst hatte entsprechende Andeutungen gemacht.

Aufgrund der bisherigen Propaganda hatte sich so gut wie jeder von uns diese Angelegenheit im Osten sehr viel leichter vorgestellt. Ja, inzwischen gibt es hier und dort Menschen, die meinen, es gebe womöglich Bolschewisten, die aus Idealismus kämpften – zweifellos ein Witz, denn der Bolschewismus hat ausdrücklich allen Idealismus zu bekämpfen versucht.

Meiner Ansicht nach vergisst unsere Propaganda, dass diese erstaunlich gigantische sowjetische Rüstung ihren Ursprung nicht nur im Bolschewismus hat oder im sogenannten Russentum, sondern dass es nicht zum wenigsten auch deutsche Kaufleute, Ingenieure, Monteure und Facharbeiter waren, die für diesen perfekt mechanisierten Krieg der Sowjets die Grundlage schufen. Es ist meines

Wissens bisher kein einziges mal erwähnt worden, dass wir vor 1933, in der Systemzeit,

So hieß bei den Nazis die Zeit der Weimarer Demokratie, die Zeit von 1918 bis 1933

nur deshalb jene großen Aufträge aus Russland erhielten, weil sich unsere Firmen verpflichtet hatten, jedes Geheimnis der Fertigung dem »siegreichen« Ausland preiszugeben. Unzählige Bolschewisten durchkämmten damals auch hier im Ruhrgebiet die deutschen Stahlwerke und Bergwerke, alles musste ihnen bis aufs Kleinste gezeigt werden und die besten Ingenieure wurden dann nach Russland geschickt, damit sie dort vor allem die Methoden unserer Stahlerzeugung an den Mann brachten.

Und inzwischen begreift nun die Bevölkerung längst nicht mehr, wie diese guten und für den Winterkrieg des vergangenen Jahres 1942 offenbar wunderbar brauchbaren Tanks und wie diese fürchterlichen »Stalin-Orgeln« in einer beinahe unendlich erscheinenden Zahl entstehen konnten. Offenbar nur deshalb, weil es dort drüben unzählige Genies gibt? Darum meine ich, man muss endlich darüber aufklären, wie dies alles seit den zwanziger Jahren möglich geworden ist. Meldet der Wehrmachtsbericht »150 Tanks vernichtet«, dann sehen sich alle am Radiogerät mit Achselzucken an, warum da wieder und immer nochmal dermaßen viele Sowjetpanzer unterwegs sein konnten.

Angesichts der kein Ende nehmenden Zahl der sowjetischen Kämpfer und Kampfmittel gewinnt im Volk allmählich die Auffassung Raum, dass es sich bei all dem um einen von Deutschland angefangenen Präventivkrieg gehandelt haben muss. Als Grund für diese Vermutung, nicht die Sowjets seien die Angreifer gewesen, führt man an: Anfangs seien nur etwa 160 sowjetische Divisionen an den Westgrenzen Russlands aufmarschiert gewesen, und erst jetzt, nach der eigentlichen Mobilisierung, handele es sich bereits um nahezu 3000 Divisionen.

Angesichts dieser Lage ist es um so beschämender, wenn unsere weltanschauliche Erziehung dermaßen brachliegt. Die beste Erziehungsmethode war, ist und bleibt das Vorbild. Aber von welchen Angelegenheiten geht im Volk die Rede? Der eine führende Genosse, so heißt es, säuft seiner Familie alles Geld weg, der andere, so hört man, hurt rum, der dritte bereichert sich ungeniert und besitzt jetzt einen fabelhaften Palast, obwohl er vorher nichts war und nichts hatte, jeder von denen da oben habe nun mal »Vitamin B« und nütze das rücksichtslos aus, sein Bauch sei jetzt, im Krieg, dicker als je zuvor in Friedenszeiten.

Kommt da zum Beispiel zur Einweihung einer großen Waschkaue auf der Ruhrzeche »Consolidation« im dicken Mercedes ein vollgefressener und vollgesoffener Mann von der Essener Gauleitung und exerziert den Schwerstarbeitern, exerziert den Kumpels seine Art von Sozialismus vor! Bäuche in Uniform sind sowieso kein schöner Anblick, im Gegenteil, das ist ein beschämendes Bild der Lächerlichkeit. In diesen Notzeiten ist solch ein Anblick geradezu eine Provokation. So ging im vorliegenden Fall ein hörbares Raunen durch die Reihen der versammelten Arbeiter.

Schlemmer, denen das Fett nur so aus den Arschporen quillt, verraten allein schon mit ihrem Auftreten unsere Bewegung. Und auch schon der leiseste Verdacht, dass irgendeiner dieser Führenden gelegentlich von unseren Gerichten geschont wird, ein Verdacht, wie er zum Beispiel bei der sehr milden Verurteilung des früheren Ortsgruppenleiters von Essen-Bredeney entstanden ist, solch ein Verdacht wirkt im Volk wie ein schleichendes Gift. Der Führer, meine ich, hat gewollt, dass wir Parteigenossen gegebenenfalls schärfer bestraft werden müssen als andere.

...

Zur kulturellen Lage hier sollte einmal klar und deutlich und in aller Öffentlichkeit gesagt werden, dass die Theaterverhältnisse in der Ruhrmetropole Essen völlig unwürdig sind und dass diese Missverhältnisse nach dem Krieg gleich hinter der Lösung der Wohnungsprobleme angepackt werden müssen, dringend ist vor allem die Schaffung eines repräsentativen Schauspiels. Das heutige Schauspiel- und Opernhaus hat nicht mal mehr eine Fassade und sieht inzwischen mehr nach Garage aus. Darin sehe ich eine unbedingte Notwendigkeit, dass die schwer arbeitende Bevölkerung des Ruhrreviers das Gefühl endlich einmal los werden muss, immer wieder nur wie die letzten Idioten behandelt zu werden. Dieses Gefühl haben wir hier auch schon dann, wenn nach einem der schweren Bombenangriffe im Revier am anderen Morgen in den Nachrichten davon überhaupt nichts mitgeteilt wird, statt dessen nur eben wieder dieser oder jener Angriff auf Berlin. Immer wieder ist es dann so, als hätten die schweren Angriffe auf das Ruhrgebiet überhaupt nicht stattgefunden.

Angesichts der bis zum Zerreißen gespannten Lage, angesichts der durch die Bombardierung eingetretenen bitteren Notzustände leisten im Ruhrgebiet Behörden und Bevölkerung Bewundernswertes, was ebenfalls eine Tatsache ist, die von Berlin aus selten oder gar nicht anerkannt wird, jedenfalls nie im wünschenswerten Umfang. Der Grund für das erstaunliche Durchhaltevermögen der Bevölkerung?

Zum einen will auch hier niemand den Bolschewisten in die Hände fallen. Zum anderen hatte man – bisher – die Hoffnung auf einen Sieg. Man hatte zumindest erwartet, das späte Frühjahr 1943 würde uns wieder aktiv sehen. Inzwischen ist aber der allgemeine Eindruck entstanden, dass wir nun gar nicht mehr *können*. Der U-Boot-Krieg hatte in dieser sonst so günstigen Jahreszeit im laufenden Jahr 1943 bislang die geringsten Erfolge. Und im Osten, so hört man, herrscht seit langem günstiges Wetter für eine neue Offensive. Wo bleibt ein neuer Angriff? Es ist viel Propaganda mit dem neuen »Tiger« gemacht worden, wo bleibt er? Dass wir den Bolschewisten nicht mehr wer weiß wie weit hinterherlaufen wollen, das wird allgemein eingesehen, aber warum wir zum Beispiel das seit langem belagerte Leningrad nicht einnehmen, das wird so beurteilt, als wenn wir das einfach nicht *könnten*.

Fast noch unbegreiflicher ist, warum der Vergeltungsschlag gegen England ausbleibt. Dass am Tage und bei klarstem Wetter englische Aufklärungsflugzeuge über das Ruhrgebiet fliegen dürfen, ohne dass unsere Jagdabwehr in Erscheinung tritt, das wird ganz und gar nicht kapiert, ja, das wird mit Empörung registriert. Es setzt sich mehr und mehr die Auffassung durch, jede dieser nun immer unheimlicheren und härteren Bombardierungen unserer Städte sei dasselbe wie eine verlorene Schlacht. Tut mir leid, aber so ist hier die Stimmung. Und die habe ich, so lautet der Auftrag, wahrheitsgemäß wiederzugeben.

Während unsere Industrie nur sehr schwer zu vernichten ist, werden dagegen durch den Bomben-Terror der Amerikaner und Briten die Wohnstätten der Zivilbevölkerung ohne Rücksicht ausradiert, radikal und gnadenlos. Das sieht jeder, das bekommt hier jeder zu spüren, das lässt sich auch mit der tollsten Propaganda nicht mehr verschleiern oder abstreiten oder beschönigen. Und da kommt dann die SS-Zeitschrift »Schwarzes Korps« in ihrer letzten Ausgabe zu der hanebüchenen Feststellung, wir könnten es uns leisten, abzuwarten, was der Gegner demnächst tun werde. Mit anderen Worten: Wir haben Zeit, zuzusehen, wie das Ruhrgebiet und seine Nachbarschaft restlos dem Erdboden gleichgemacht wird, wie die Bevölkerung hingemordet wird? Das geht über jede Hutschnur.

Dr. Goebbels hatte bekanntlich in seiner großen Sportpalast-Kundgebung die Frage an seine Hörer gerichtet: »Wollt ihr den totalen Krieg?« Große Teile der Bevölkerung sind hier inzwischen der Auffassung, das, was sich in den letzten Wochen in den Städten des Ruhrgebiets abgespielt hat, das sei er, der totale Krieg. Das heißt, es wird so gesehen, als habe da der Dr. Goebbels den Feind geradezu aufgefordert zum Vernichtungskrieg. Das wirkt nun so, als wenn er all diese Zerstörungen und diesen Massenmord förmlich sanktioniert hätte. Bei Aufräumarbeiten im zertrümmerten Verwaltungsgebäude des Essener Kohlensyndikats ist von den Arbeitern im Chor gebrüllt worden: »Da habt ihr den totalen Krieg!«

Dass in diesem Zusammenhang Hermann Göring längst »Meyer« heißt, weil man es ihm übel nimmt, dass er bekanntlich solche Bombardements anfangs für gänzlich ausgeschlossen erklärt hat und in einem solchen Fall freiwillig Meyer heißen wollte, das hat sich ja wahrscheinlich schon allgemein herumgesprochen.

Mit allem Nachdruck weise ich darauf hin, so wie bisher geht es nicht weiter. Die Atmosphäre ist zum Zerplatzen. Denn es herrscht über all das hinaus die Auffassung, wenn wir jetzt, wo die USA noch in ihrer militärischen Entwicklung stehen, nicht die entscheidenden Schläge führen können, dann können wir das später niemals mehr. Dann kommt bestenfalls nur noch das langsame Verbluten.

Man soll solche Ansichten nicht so leichthin von der Hand weisen – ich habe vormals die Ereignisse im Juli 1918 richtig vorhergesehen und auch damals schriftlich niedergelegt – es mag noch eine geraume Weile vergehen, ein ganzes Jahr oder mehr, aber am fernen Horizont erscheint nun doch als drohendes Verhängnis eine zweite deutsche Revolution, nämlich eine von links. Dass hierorts an manchen Kohlenwagen »Hitler verrecke« zu lesen ist, das ist hier nicht ungewöhnlich. Wenn ich meinen Kindern glauben kann, so geht am Ostrand des Ruhrgebiets, so geht zum Beispiel in Ahlen in Westfalen, wo meine Kinder ihre Großeltern besuchten, die offene Rede, dass, käme Adolf Hitler dorthin, »mit tausend Kugeln nach ihm gezielt« würde.

1943, nach der Goebbelsrede im Berliner Sportpalast mit der aufwühlenden Frage des Ministers,

»Wollt ihr den totalen Krieg!?«

da war nach dem nächsten schweren Luftangriff auf die Krupp-Stadt im Norden, da, wo in Essen die Stahlarbeiter wohnen und die Bergleute, also in Altenessen, Borbeck, Stoppenberg und Katernberg, da waren zahlreiche linke Parolen an die Hauswände geschmiert worden, und da war in einer Bergwerkssiedlung in großer weißer Schrift auf der Straße zu lesen: »Hallo, Tommy, fliege weiter – wir sind alle Bergarbeiter – fliege weiter nach Berlin – die haben alle JA geschrien!«

Es ist schlimm, sehr schlimm, dass sich eine solche Entwicklung überhaupt anbahnen konnte. Wobei die feindliche Propaganda mit der Behauptung, in Wahrheit sei Adolf Hitler der Schuldige am Kriege, zweifellos Pate gestanden hat. Wenn zum Beispiel acht Tage nach dem letzten Luft-Terror die Menschen aus Altenessen immer noch bei jedem Alarm sechs Kilometer und mehr zu Fuß laufen müssen, um im großen Bunker am Essener Hauptbahnhof Schutz zu finden, dann empfindet die Ruhrbevölkerung auch im Bezug auf den Bunkerbau eine erhebliche Vernachlässigung. Und wenn nun auch noch an den kommenden Winter gedacht werden soll, dann sind alle Hoffnungen auf den Nullpunkt gesunken.

Es lässt sich nicht drumherum reden, es entsteht eine deutliche Vertrauenskrise, und zwar immer unverhüllter unter dem Motto: Warum lässt der Führer das geschehen. Ich selbst stelle hiermit die Frage an die Führung, warum bringt man zum Beispiel die gefangenen Engländer nicht in die Wohnviertel unserer Städte und informiert den Feind, dass ihre eigenen Landsleute während der Angriffe jedesmal schutzlos in Fesseln liegen. Wenn nicht bald irgendetwas Entscheidendes geschieht, dann garantiere ich für nichts mehr. Wieweit die Bevölkerung inzwischen an unserer Führung zweifelt, dazu zum Abschluss einer der umlaufenden Witze: »Endlich gibt es jetzt mehr Butter. Die Führerbilder werden entrahmt.«

Mit diesen Offenheiten servierte ich den Herrschaften gewiss starken Tobak, und erst nach dem Krieg wurde mir klar, dass ich nun de facto in Lebensgefahr war. In ein Vernichtungslager kamen viele schon wegen weniger unbedachter Bemerkungen. Aber in meinem Bericht, so glaubte ich jedenfalls, hatte ich die negativen Auslassungen doch geschickt in allerhand positive eingebettet. Und in den chaotischen Zuständen damals konnte ich mich ja mit meinen Eindrücken durchaus auch irren, zwischendurch formulierte ich hier doch auch immer mal wieder Siegeszuversicht und Hoffnungen und trotz allem wieder diejenige Gesinnung, die ich für nationalsozialistisch hielt. Damals glaubte ich schon annähernd die Wirkung der Atombombe zu kennen und meinte irrtümlich, wir wären mit der Entwicklung dieser »Wunderwaffe« nahezu fertig. Aber vor allen Dingen: Ich hatte keinerlei Ahnung, dass nicht nur die mittleren Bonzen, sondern auch die oberste Parteiführung dasjenige, was ich als Nationalsozialismus begriffen zu haben und verteidigen zu müssen meinte –

hier möchte ich es mal so formulieren: Die NSDAP, an die mein Vater glaubte, hat es nie gegeben

von Anfang an verraten hatten, dass das Volk, jedenfalls Leute wie ich, dass wir »da unten« ganz und gar betrogen worden waren und dass die da oben einen Sieg auf keinen Fall verdienen durften in Anbetracht der unsäglichen Totalverbrechen hinter dem Rücken der Bevölkerung.

Über welche Informationen verfügte ich denn. Im Betrieb wie außerhalb hatte ich immer wieder ausführliche Unterhaltungen mit Fronturlaubern, die lieferten mir Auskünfte, die sich zu einem düsteren Mosaikbild formten. Feindliche Sendungen hörte ich grundsätzlich nicht ab, nicht nur deshalb nicht, weil sie streng verboten waren und das Mithören strengstens bestraft wurde, sondern weil meine Vorstellungen von lügenhafter Informationspolitik sich lange Zeit nahezu ausschließlich auf die Äußerungen des Gegners bezogen. Für mein Empfinden war es der Feind, der log und nicht etwa das eigene »Ministerium für Propaganda und Volksaufklärung« oder gar das Oberkommando der Wehrmacht mit seinen Sieges- und »Sondermeldungen«.

Wenn auch ich hier nach wie vor die Worte »Gegner« und »Feind« benutze, höre ich wieder meinen Jüngsten, der inzwischen Literaturwissenschaft studiert hat und der mir vorhielt, warum ich eigentlich noch immer von »Feinden« rede und nicht von »Befreiern«. Der Sache nach hat er gewiss recht. Auch hat mein gestrenger Herr Sohn beanstandet, dass ich, wenn ich vom »Zusammenbruch« rede oder vom »bitteren Ende«, ständig das Jahr 1945 meine. Er kenne inzwischen Menschen meines Alters, die mit »Zusammenbruch« das Jahr 1933 bezeichneten. Das mag alles der Sache nach stimmen, ist von heute her gesehen richtig, aber historisch stellt sich eben heraus und auch dies muss endlich einmal deutlich gesagt werden, dass ab 1933 Millionen Köpfe verdreht wurden in Richtung auf jenen »fanatischen Nationalismus« und dass sich auch in meinem Fall ein tiefes Engagement für eine in Wahrheit verbrecherische Bande bis in die Sprache hinein in meinem Kopf festgefressen hatte. Es zeigt sich, dass zum einen der jahrelange alliierte Bomben-Terror im Ruhrgebiet und zum anderen das gleichzeitige zwölf Jahre lange Trommelfeuer der Heuchelei Folgen hatten, die bis in die innersten Hirnwindungen reichen, so dass ich noch heute dort von Feind oder Zusammenbruch schreibe oder rede, wo dies – von heute her gesehen und mit den heutigen Kenntnissen beurteilt – nicht mehr gerechtfertigt ist.

Von Anfang an hab ich damals das militärische Geschehen an allen Fronten eingehend und gewissenhaft verfolgt. Aus diesen Ermittlungen und Beobachtungen heraus kam ich, als Stalingrad Anfang 1943 gefallen war und wir Moskau und Leningrad nicht nehmen konnten, zu der Erkenntnis, dass der Krieg verloren gehen würde. Gebieterische Schlussfolgerung: Dann aber auch bitte so schnell wie möglich. Schluss mit all diesen schrecklichen Opfern, an den Fronten wie in der Heimat.

Wie aber war damals von dieser Stimmung irgendetwas denen oben in der Führung zu vermitteln? Gab es womöglich auch dort oben so was wie Erkenntnisse? Es war offenbar ein guter Geist, der mir geraten hatte, meine Erkenntnisse und Vermutungen möglichst der Ruhrbevölkerung in den Mund zu legen.

Vor Parteigerichten

Eine Reaktion auf meine Berichte ließ nicht lange auf sich warten. Heute weiß ich, über welch brüchige Strecke ich geritten war, wie über den gefrorenen Bodensee. Und wie das nun alles bearbeitet wurde, das zeigt die damalige Parteibürokratie in ihrer ganzen Engherzigkeit und Kleinlichkeit. Von der Essener Kreisleitung der Partei kam die Nachricht, dass ein Parteigericht sich meiner annehmen werde.

Ich protestierte, schrieb am 10.10.43 an die Parteileitung des Kreises Essen und forderte selbstbewusst, »... von einer Parteigerichtsverhandlung abzusehen und für die von Ihnen beabsichtigte Klärung eine andere Form zu wählen. Ich halte es im Interesse der Sache für besser, wenn Sie mir eine Plattform geben, auf der wir alle stehen, das heißt, auf dem Boden der Kameradschaft, die uns alle verbindet. Dabei möchte ich nicht verhehlen, dass mich die angekündigte Vorladung belastet, obwohl für mich kein Zweifel besteht, dass ich mir nichts habe zu Schulden kommen lassen.

Wenn ich aufgefordert worden bin, einen »ungeschminkten Stimmungsbericht« zu verfassen, dann schreibe ich den Bericht ungeschminkt, also mit der größtmöglichen Aufrichtigkeit und schieße dabei lieber über das Ziel hinaus, als diejenigen, die für das Schicksal unseres Volkes eine ungeheure Verantwortung tragen, im Unklaren zu lassen. Falls ich einen Grund dazu gehabt hätte, dann hätte ich auch Sie, sehr geehrter Herr Kreisleiter, angegriffen, ich mache grundsätzlich vor nichts halt. Woher denn soll unsere Führung sonst die Wahrheit erfahren, wenn sie sich auf unsere Aufrichtigkeit nicht mehr verlassen kann. Hiermit füge ich die Bitte hinzu, mir in freier Aussprache von Kamerad zu Kamerad die Gelegenheit zu geben, Ihnen diejenigen Auskünfte zu geben, die Sie von mir wünschen.

Eigentlich dürfte klar sein, dass ein Bericht wie der meinige nur von einem Menschen geliefert worden sein kann, der sich die Ideen unserer Bewegung so zu eigen gemacht hat, dass er so und nichts anders berichten *musste* und dass er sich gerade *wegen seiner Treue* solch emphatische Warnungen erlauben durfte, ohne in den Verdacht zu geraten, dass seine eigenen Auffassungen mit den geschilderten identisch sein könnten.

Ich bitte Sie, meine schriftlich gesammelten Kassandrarufe ganz und gar ernst zu nehmen und weiterzuleiten, denn sonst wären derartige Berichte vollkommen umsonst und würden zum Schaden aller nie mehr diejenigen erreichen, die sie in dieser höchst kritischen Phase des Kriegs dringen benötigen. Es dürfen nicht diejenigen Recht behalten, die sagen, solche Berichte kommen ja doch nie bis hinauf zur Reichsleitung, die wandern in irgendeinen Papierkorb, wahrscheinlich schon hier in Essen.«

Statt einer vernünftigen Entgegnung erhielt ich vom Gericht der Kreisleitung Essen am 10.12.43 folgenden »Eröffnungsbeschluss«. »Gegen Sie wird ein Verfahren vor dem Kreisgericht Essen eröffnet aufgrund einer Anschuldigung eines Verstoßes gegen § 4 Abs. 2 der Satzung. Zum 21.12.43 werden Sie hiermit vorgeladen. Sie werden angeschuldigt, in Ihren Berichten an die Ortsgruppe Ihre negative Einstellung zu der heutigen Kriegs- und Wirtschaftspolitik und ebenfalls zu einzelnen führenden Parteigenossen wie Reichsorganisationsleiter Dr. Ley und Reichsminister Dr. Goebbels kundgegeben zu haben in einer ausgesprochen defätistischen Art und Weise. Ferner rechnen Sie mit einer Revolution wie im Jahre 1918 und unterziehen die Tätigkeit der Wehrmachtsleitung einer absolut unangebrachten Kritik.«

> *Defätismus* – laut Brockhaus-Lexikon ein im Ersten Weltkrieg geprägter Begriff für Zweifler am Endsieg und für Anhänger eines Verständigungsfriedens (von frz. défaite = Niederlage)

Die Sache wurde mir immer rätselhafter. Meiner Frau wurde sie unheimlich, sie plagten Ängste. Defätismus galt als Wehrkraftzersetzung. Und Zweifel am Endsieg wurden damals, wie man heute weiß, auch mit dem Tode bestraft. Am 15. Dezember, sechs Tage also vor der Verhandlung, schrieb ich dem Kreisleiter Hamacher noch einmal, zumal ich meine Schwächen in mündlichen Diskussionen kannte und zuvor meine Argumente lieber schriftlich ordnen wollte. Weil ich fürchtete, dass ich in der Erregung beim mündlichen Verhandeln womöglich zu weit zu gehen würde.

»Ich habe bereits sämtliche Punkte der Anklage

klar widerlegt, so dass ich absolut nicht verstehen kann, warum man die Angelegenheit in dieser entehrenden Form eines Parteigerichts aufgreift. Auch wenn Sie mit der Anklage einen für mich nicht mehr verstehbaren Fehler begehen, so will ich nachstehend doch den Versuch machen, ob wir nicht doch zu einem alle Seiten befriedigenden Ausweg kommen können. Meine täglichen Arbeiten hier in Essen erfordern zur Lösung der mir gestellten kriegswichtigen Aufgaben meine ganze Kraft und nicht etwa einen völlig zermürbten Menschen. Mehrfach schon wurde ich gefragt, was plötzlich mit mir los sei. Darum ist eine schnelle Aufhebung der Anschuldigung durchaus kriegswichtig. Dabei nehme ich allerdings an, dass Sie im guten Glauben vorgegangen und der Meinung sind, im Interesse des Ganzen zu handeln, im Interesse unserer nationalsozialistischen Ziele – sonst wäre ich unfähig, mich an Sie zu wenden.

Vor etwa einem Jahr bekam ich von Ortsgruppenleiter Bösel die Anordnung, den von Ihnen beanstandeten Bericht zu erstellen, und zwar nicht etwa einen Bericht an die Ortsgruppe, wie es falsch in der Anklage steht. Den Pg Bösel fragte ich damals, ob nicht eine Kopie direkt an die Reichsleitung gehen sollte, da mir eine schnellstmögliche Informierung der Führung wichtig schien und so der Aufenthalt dieser Beobachtungsnotizen von einigen Tagen bei Ortsgruppe, Kreis und Gau vermieden werden könnte, Pg Bösel lehnte das zunächst leider ab.

Einer der Anklagepunkte betrifft die Persönlichkeiten, die ich diffamiert hätte. Selbstverständlich konnte es sich auch hier für die Reichsleitung nur darum handeln, zu erfahren, was an Negativem über diesen und jenen in der Bevölkerung herumschwirrt, das Positive ist sowieso bekannt, darüber braucht man keine Berichte mehr zu erstellen. Es kam in meiner Arbeit sehr klar zum Ausdruck, dass ich hier lediglich Gerüchte und Behauptungen wiedergegeben habe und dass ich selbstverständlich keine Vollmacht oder auch nur die Gelegenheit hatte, zu prüfen, ob diese Gerüchte der Wahrheit entsprachen oder nicht, ob zum Beispiel tatsächlich ein Bonzenteich in München existiert. Es ist überhaupt nicht meine Aufgabe, derartigen Unterstellungen als kommissarischer Kontrolleur nachzugehen.

Aber eine Aufgabe von übergeordneten Parteistellen wäre es jetzt gewesen, meine ich, mich, den kleinen politischen Leiter aufzuklären und zu informieren darüber, was Sache ist, damit er alsdann in der Bevölkerung mit beweiskräftigem Material solchen rüden Behauptungen entgegentreten kann. An anderen Stellen ist so verfahren worden und heute spricht zum Beispiel kaum noch ein Mensch über die Gerüchte um Pg Dr. Goebbels, denn dessen Propagandawirkung steht inzwischen turmhoch über allem andern, seine Arbeitsleistung stellt solche üblen Behauptungen längst in den Schatten und steht vor allem hoch über den vormalig verbreiteten lächerlichen Bettgeschichten. Vor einem Jahre aber hätte ich eine Pflichtverletzung begangen, hätte ich verschwiegen, was über ihn geredet worden ist. Wenn einer in der Führung sogar in diesen schwierigen Zeiten für eine optimistische und positive Stimmung im Volk gesorgt hat, dann war das Dr. Goebbels.«

In meinem Brief an den Ankläger und Kreisleiter Hamacher geht es wörtlich weiter: »Ich hätte nie gedacht, dass mir jemals daraus ein Vorwurf gemacht werden könnte, dass ich mit besorgtem Herzen die Dinge so darstelle, wie ich sie zu hören bekam und beobachten musste oder von anderen erfahren habe. Jedenfalls ist es völlig verkehrt, mir selbst jene abscheulichen Verdächtigungen in den Mund zu schieben. Eine negative Einstellung zur heutigen Kriegs- und Wirtschaftslage kann ich bei mir beim besten Willen nicht entdecken. Ich bin bereit, Ihnen meinen gesamten Verwandten- und Bekanntenkreis zu nennen für Nachfragen, Haussuchungen nach Briefen etc. – wenn Sie dann noch eine einzige, wie es bei Ihnen heißt, defätistische Stellungnahme von mir finden oder nachweisen können, dann würde ich es Ihnen nicht übel nehmen, wenn Sie mich in hohem Bogen aus meinen Funktionen und aus der Partei hinauswerfen.

Nur einen einzigen gegenteiligen Vorwurf hat man mir bisweilen gemacht: ich sei viel zu optimistisch und zu idealistisch, ich sei einer, der es einfach unerträglich finde, wenn man über Personen oder über Sachen Nachteiliges äußere. Dass Sie nun trotz meiner Beweisführungen mit gröbstem Geschütz auf meine Ehre zielen wollen, das kann von mir auf keinen Fall hingenommen werden ... und darum muss ich verlangen, dass man die Anklage im vollen Umfange zurücknimmt, dass man die Anklage bedauert und eine Ehrenerklärung an die in Frage kommenden Parteistellen abgibt und an mich.«

Das hat natürlich alles nichts genützt. Nach einer Terminverschiebung tagte das Kreisgericht am 4. Januar

1944, verhörte mich und fasste nach der Verhandlung am 18. Februar 1944 »... folgenden Beschluss: Der Angeschuldigte ist eines Satzungsverstoßes nicht schuldig. Das Kreisgericht beschließt die Einstellung des Verfahrens. Begründung: Der Angeschuldigte ist 49 Jahre alt, verheiratet und Vater von drei Kindern, von Beruf Dipl.-Ing., Parteieintritt 1.2.1931. In der Verhandlung ergab sich: Er hatte an die Ortsgruppe unter dem 1.6.1943 einen Bericht herausgegeben über die allgemeine politische Stimmung innerhalb seiner ihm zugänglichen Bevölkerungskreise. Er sagt, dass er sich um so mehr zur Hereingabe dieses Berichtes verpflichtet gefühlt habe, als er ständig vor Ort ungefragt Urteile aus allen Teilen der Bevölkerung erhalte und mit diesen Urteilen ein Bild entwerfen könne, das unserer Führung die Chance gebe, klarer zu sehen. Unter anderem kommt er zu Vergleichen mit Verhältnissen im ersten Weltkrieg, vor allem zu der Zeit, als 1918 die Revolution ausbrach. Liest man seinen Bericht so, dann kann man nicht von der Hand weisen, dass er scharf beobachtet hat und tatsächlich vorliegende Verhältnisse schildert. Zum anderen aber verlagert er die Perspektive auch in die Zukunft und dabei kann man durchaus zu der Auffassung kommen, als wenn der Angeschuldigte nicht unter allen Umständen nur einen Stimmungsbericht über das zusammengestellt hätte, was er aus der Bevölkerung hörte, sondern man gewinnt zeitweise den Eindruck, als würde er seine eigenen Empfindungen schildern.

Wenn er beispielsweise schreibt, »aber am fernen Horizont erscheint dann doch als drohendes Verhängnis eine zweite Revolution, nämlich eine von links,« dann hört sich das an, als sei er selbst der festen Überzeugung, dass eine zweite Revolution notgedrungen kommen werde. Am Ende drängt sich die Feststellung auf, dass Pg Lodemann sich in seinem Bericht in den Einzelheiten verliert und nicht genügend klar auseinander hält, was er aus der Bevölkerung berichten will und was seine eigene Meinung ist. Er erwähnt zum Beispiel die Stadt Ahlen in Westfalen, wo sich sein 15jähriger Sohn derzeit auf der Oberschule befindet und als einsamer Nazijunge mehr oder weniger unter seinen Mitschülern zu leiden habe, die offenbar noch immer mehr oder weniger kommunistische Einstellungen zeigen.

Zum Beispiel kam Max Reimann, nach 1945 Chef der Kommunistischen Partei Deutschlands (KPD), aus Ahlen.

Sein Junge hat ihm berichtet, dass, wenn Adolf Hitler nach Ahlen käme, »mit tausend Kugeln nach ihm gezielt« würde. Weiterhin befasst er sich mit den schweren Luft-Angriffen und mit den angekündigten Gegenmaßnahmen und sagt, die Bevölkerung empfinde, dass die Arbeiter im Ruhrgebiet im Bunkerbau eine erhebliche Vernachlässigung gegenüber anderen Vierteln zu ertragen hätten und dass die Hoffnung der Leute, es würde endlich einmal ein Friede im Osten kommen und endlich ein Ende des Luft-Terrors, inzwischen auf den Nullpunkt gesunken sei.

Schließlich sagt er: »Es geht tatsächlich so nicht weiter. Es lässt sich nicht drumherum reden, es entsteht eine Vertrauenskrise. Warum lässt der Führer das geschehen?«

Immer mehr empfindet man beim ersten und auch beim mehrmaligen Lesen, als gebe Pg Lodemann hier und an anderen Stellen seine eigene Meinung wieder und zwar dahingehend, dass er die Überzeugung teilt, dass der Krieg von nun an nicht mehr zu einem guten Ende zu führen sei. Jedenfalls bleibt immer der Verdacht übrig, als habe Pg Lodemann sehr viel aus Eigenem dazugetan und er denke über die Kriegslage ebenfalls äußerst pessimistisch und komme sogar zu der Überzeugung, dass der Krieg verloren gehen *müsse*. Dabei ist auch ihm bekannt, dass die Parteiführung jeden Zweifel am Endsieg unter schärfste Strafen stellt.

Auch an den Kreisleiter richtete Pg Lodemann mehrere Schreiben und greift ihn dabei mehr oder weniger sehr persönlich an, wenn er zum Beispiel am 15.12.43 wörtlich behauptete: »Auch wenn Sie mit der Anklage einen für mich nicht mehr verstehbaren Fehler begehen«. Und er verlangte schließlich, dass man die Anklage in vollem Umfang zurücknehmen, dieselbe bedauern solle und eine Ehrenerklärung an die entsprechenden Parteidienststellen abgeben und an ihn selbst. Er erklärte sogar, falls auch der Kreisleiter irgendeinen Fehler begangen haben sollte, dass er dann auch und sogar gegen diesen ohne weiteres vorgehen würde.

Pg Lodemann sagt in der Verhandlung, dass er es von sich weisen müsse, irgendwie als ein Defätist und Miesmacher angesehen zu werden. Er sei nach wie vor fest im Nationalsozialismus verankert. Er sei nicht gefühlsmäßig in die NSDAP eingetreten, sondern er habe sich die Ziele der NSDAP von Anfang an geistig vor Augen geführt und mühsam erarbeitet und habe an der programmatischen Wirtschaftsgestaltung der Parteiführung persönlich mitgewirkt, so dass ein Loslösen aus dem Nationalsozialismus für ihn nichts weniger bedeuten würde als eine vollkommene Selbstaufgabe.

Der zu dieser Angelegenheit vernommene Leiter der Ortsgruppe stellt dem ihm untergebenen Angeschuldigten in jeder Beziehung das allerbeste Zeugnis aus. Pg Bösel erklärt, dass er den Pg Lodemann seit 1931 kenne, dass Lodemann schon vor der Machtübernahme aktiv mitgearbeitet habe und in einer Zeit zu Schulungsvorträgen herangezogen wurde, als viele noch gar nicht begriffen, worum es bei der Rettung unserer Volkswirtschaft eigentlich gehen müsse. Von Anfang an habe er Pg Lodemann als einen Menschen kennen gelernt, der, ehe er sage, »es ist so«, sich zunächst genau damit befasst habe und die Dinge sorgfältig zerpflückt hätte und zu Urteilen kommen könne, wonach alles auch ganz anders sei. Er kenne Lodemann als einen, der sich, bildlich gesagt, wie ein Holzwurm durch die Dinge nage, Lodemann sei ihm und anderen Parteigenossen seit je als positiv nationalsozialistisch bekannt, obwohl er hier und da auch schon mal wegen seiner Hartnäckigkeit habe belächelt werden müssen. Damit meine man aber nicht etwa Zweifel an seiner weltanschaulichen Einstellung, sondern seinen besonderen Eifer. Es gäbe viele Menschen, die nicht begriffen, wie und warum sich Pg Lodemann mit fast allen Dingen immer dermaßen eingehend befasse, warum er sich in Probleme am liebsten »hineinknie«.

Ihm fehle dabei jederlei forsche Haltung und ein Auftreten, wie man das bei den SA-Männern der Kampfzeit kenne. Dass er inzwischen zu Schulungsarbeiten nicht mehr herangezogen würde, läge daran, dass er an geistig unkomplizierte Leute nicht so richtig herankäme. Jedenfalls habe das nichts mit seiner weltanschaulichen Einstellung zu tun. Ferner müsse er, Bösel, mitteilen, dass der Angeschuldigte auch unangenehme Aufgaben widerspruchslos erfüllt habe wie zum Beispiel Sammelaktionen und vor allem die äußerst schwierige Angelegenheit der Benachrichtigung der Hinterbliebenen von Gefallenen oder Vermissten, wozu er seit Beginn des Krieges Pg Lodemann herangezogen habe, denn er wisse, dass Pg Lodemann ein Herz habe und sich in die Trauernden hineinfühlen könne. Lodemann habe ihn kürzlich zwar gebeten, ihn von dieser schweren Arbeit zu entbinden, weil ihn das seelisch zu sehr mitnehme, aber er habe ihn davon nicht befreien können und der Genosse habe seither diesen äußerst schwierigen Auftrag widerspruchslos weitergeführt.

Als der Auftrag erging, monatlich Berichte zu verfassen, in denen die Stimmung in der Bevölkerung geschildert würde, habe er damit den Pg L. beauftragt. Der wäre seinerzeit begeistert gewesen über diesen Auftrag, zumal er glaubte, diese Berichte gingen am Ende immer an die Kanzlei des Führers. Der Ortsgruppenleiter habe dies damals weder bestätigen noch bestreiten können, jedenfalls liege hier wohl die Ursache für die intensive Gründlichkeit, mit welcher Lodemann diese Berichte abgefasst habe.

Zusammenfassend sagte Bösel in der Verhandlung,

dass zwar an der politischen Einstellung des Genossen kein Zweifel bestehe, dass er aber in einigen Passagen seines Berichtes möglicherweise ein bisschen weich geworden sei und innerlich gewackelt hätte, nicht zuletzt infolge mancher überstandenen Erlebnisse während der Bombenangriffe und infolge der immer zahlreicheren zermürbenden Gänge zu den Angehörigen der Gefallenen. Entscheidend sei jedoch, dass Lodemann selbst in seinen Briefen und Äußerungen nie irgendwelche Zweifel zum Ausdruck gebracht habe an den nationalsozialistischen Zielen. Und wenn schon einmal einer in Zweifel falle und dies intern tue, also im Rahmen der Partei, dann sei es nicht hilfreich, ihm ins Kreuz zu fallen, dann wäre es richtiger, ihn zu stützen. Pg Lodemann habe sich das Leben immer viel zu schwer gemacht, schwerer als fast alle anderen Parteigenossen.

Nach nochmaliger eingehender Prüfung kam das Parteigericht zu der Auffassung, dass der Verfasser des Berichts zur Zeit der Abfassung tatsächlich mehr oder weniger an seiner nationalsozialistischen Haltung zwar nicht wankend geworden ist, so doch aus den aktuellen Verhältnissen heraus am Durchhaltewillen der Bevölkerung bis zum Endsieg Zweifel gehegt habe und dass der Angeklagte befürchtete, dass bei weiterer alliierter Terrorisierung des Volks und bei weiteren Rückschlägen an der Front die Bevölkerung nicht mehr durchhalten würde. Es sei Aufgabe der Parteigerichte, Leute, die schwankten, die aber den Beweis für ihre Zuverlässigkeit erbracht hätten, wieder auf den rechten Weg zu bringen und zu stützen. Die Parteigerichte seien nicht nur zur Bestrafung berufen, sondern auch zu nationalsozialistischer Erziehungsarbeit. Es wurde Antrag auf Einstellung des Verfahrens gestellt und gebilligt. Gegen diesen Beschluss steht dem Angeschuldigten nach dem Kriege ein Beschwerderecht zu. Gezeichnet: Bomnüter, Mertens, Hülsmann.«

Wenige Tage nach diesem Bescheid folgte zu meiner Überraschung eine weitere Mitteilung der Kreisleitung. »Der Ihnen zugestellte Beschluss hat keine Rechtskraft erlangt, da gegen denselben fristgemäß ein zulässiger Einspruch erhoben wurde. Die Akten gingen demzufolge an das Gaugericht Essen. Heil Hitler.«

Den Einspruch hatte der Kreisleiter selber erhoben, und so wanderte denn das seltsame aber nicht ungefährliche Verfahren zur nächst höheren Stelle, vor das Parteigericht im Gau Essen.

Zum Gau Essen gehörte damals der größte
Teil des Ruhrgebiets und der Niederrhein

Ich wendete mich also an das Gaugericht (am 8. April 1944) und schrieb, »dass die in meinem Bericht vor einem Jahr enthaltenen Schilderungen genau das wiedergeben, was ich damals beobachtet habe und dass ich nicht einen Jota daran zu ändern gedenke. Selbstverständlich habe ich bei der Abfassung keinerlei Rücksicht auf meine Person genommen, es erschien mir sogar völlig nebensächlich, welche Folgerungen aus diesen Berichten auf mich selbst gezogen werden könnten. Es ging darum, der Führung ein Bild der tatsächlichen Zustände zu vermitteln, damit sie ihre Maßnahmen darnach einstellen kann. Natürlich musste hier das Negative im Vordergrund stehen, so lautete ja offenbar der Auftrag, das Positive ist unserer Führung bestens bekannt.

Ich kann mich des Eindrucks nicht erwehren, dass Berichte, die befehlsgemäß mit »schonungsloser Offenheit« abzufassen sind, offensichtlich eine Seltenheit sind oder sogar eine absolute Neuigkeit. Wenn es heißt, dass ich streckenweise nur meine eigene Meinung zum Besten gegeben hätte, dann kann ich mir das nur mit einer geradezu polizeiwidrigen Dummheit erklären. Selbstverständlich hat der Kreisleiter mit der Anklage-Erhebung einen Fehler gemacht. Denn ich selbst vermag am besten zu sagen, was ich denke und tue. Auch der Kreisleiter ist für mich kein unfehlbarer Papst. Es ist nicht abzusehen, was für eine destabilisierende Reaktion in der Öffentlichkeit entstehen würde, wenn man erführe, ich wäre zur Verantwortung gezogen worden, weil ich eine Anordnung wörtlich und wesensgemäß ausgeführt habe. Es hätte keine Anklage erhoben werden müssen, sondern eine Untersuchung hätte durchgeführt werden können, ob meine Beobachtungen zutreffen oder ob ich tatsächlich als unzuverlässig einzustufen bin. Für mein Verständnis war die Anklage eine massive Beleidigung.

Schwer zu verstehen ist, dass einerseits die Nachschrift zum Beschluss lautet ›Gegen diesen Beschluss steht nach dem Kriege ein Beschwerderecht zu‹ und andererseits vom Kreisleiter trotzdem Einspruch erhoben worden ist. Ich glaube daher, dass ich Einspruch gegen den Einspruch erheben muss, vor allem, weil alle Beteiligten in diesen Zeiten Wichtigeres zu tun haben als sich jetzt, während des fünften Kriegsjahres, mit meiner Person zu befassen. Wer sich ehrlich um das Wohl unseres Volkes bemüht, der hat die Pflicht, nach oben hin alles zum Ausdruck zu bringen, was unsere Führung zur klaren Beurteilung der Lage braucht.«

Zehn Tage später teilte dann das Gaugericht mit, das Verfahren sei eingestellt worden.

»Der Leiter des Parteikreises Essen hatte die Entscheidung des Parteigerichts zwar bestätigt, hatte aber beantragt, den Angeschuldigten aus der NSDAP auszuschließen. Dieser Ansicht hat das Gaugericht nicht folgen können und hat das Verfahren eingestellt.«

In der Begründung heißt es: »Der Kreisleiter hatte anfangs den auftragsgemäßen Stimmungsbericht des Pg Lodemann an den Gaustabsleiter geschickt mit dem Bemerken, dass es sich lohne, diesen Bericht eingehend durchzulesen, da er in vielen Einzelheiten die Wahrheit sage und zeige, wie so manche Vorgänge in der Partei aus dem Gesichtswinkel eines Blockleiters aussähen. Freilich ist es nach Ansicht des Gaugerichts dem Verfasser unterlaufen, dass er sich an manchen Stellen ungeschickt ausdrückte und der Eindruck entstehen konnte, manche Urteile seien seine eigenen. Die Ansicht des Kreisleiters aber, der Bericht zeige, dass der Angeschuldigte defätistisch eingestellt sei, vermag das Gaugericht nicht zu teilen. ... Es wäre richtig gewesen, wenn der Kreisleiter den Angeschuldigten vorgeladen, zurechtgewiesen und eingehend belehrt hätte. Dies hat er leider unterlassen und ist, als der Angeschuldigte mehrere Male an ihn herantrat und um eine Rücksprache bat, dieser Bitte bedauerlicherweise nicht nachgekommen.

Nach Ansicht des Gerichts hat der Angeschuldigte gezeigt, dass er nicht geeignet ist, das Amt eines politischen Leiters zu bekleiden. Als solcher muss er in der heutigen Zeit vor allem ein klarer Menschenführer sein. Das heißt, er muss völlig ausgeglichen sein und die Fähigkeit besitzen, aus den aktuellen Geschehnissen objektive und präzise und gut verständliche Schlussfolgerungen zu ziehen, um sie dann den Volksgenossen richtunggebend weiterzuleiten. Die fraglichen Berichte liefern insgesamt eher ein Bild der falschen Schlussfolgerungen. Die Entfernung eines Genossen aus einem politischen Amt ist nun aber nicht Sache des Gerichts, sondern muss der politischen Leitung überlassen bleiben.

Das Verfahren wird eingestellt. Gezeichnet Nachtigal, Kattwinkel, Ader. Verteiler: Gauleiter, Oberstes Parteigericht, Gaupersonalamt, Gauschatzamt, Kreisleiter« etc. etc.

Danke für die Blumen. Schwer zu sagen, ob mir hiermit das Gaugericht so etwas wie einen Paragraphen 51

beschränkte Zurechnungsfähigkeit

zubilligte oder ob es in diesem Punkt den wunderbaren Ausführungen Arthur Bösels gefolgt ist und mir auf diese Weise Freiheit oder gar das Leben rettete. Als ich mich nach dem Kriege bei Bösel bedankte, verkleinerte der seine Leistung mit der Bemerkung, ein negatives Urteil über mich hätte auch ihn selbst gefährdet.

Zur Ehre jenes merkwürdigen Gaugerichts muss ich sagen, dass die Richter sich große, ja beinahe rührende Mühe gemacht haben. Nachdem sie mich mit so viel Energie zu einem aussichtslosen Fall von Weltfremdheit gemacht hatten, passierte anschließend von oben her gar nichts mehr. Ich dagegen konnte es, gegen den begreiflichen Widerstand meiner Frau, nicht lassen, diesem Gaugericht noch eine »Erklärung« zukommen zu lassen. Während ich meinte, in meiner nicht ganz ungefährlichen Situation einiges noch unbedingt klarstellen zu müssen, fürchtete meine Frau, dass ich damit alles nur wieder schlimmer mache, weil »die da oben«, wenn sie wollten, mir alle meine offenen Worte zu meinen Ungunsten auslegen könnten. Nachträglich muss ich ihr da recht geben. Mir aber ging es damals darum, dass mein Bericht auf dem Weg nach Berlin nicht länger von subalternen Leuten zurückgehalten wurde.

»Da es mir offenbar nicht möglich ist, gegen den Gau-Beschluss Einspruch zu erheben, begnüge ich mich mit einer Erklärung. Die die Einstellung des Verfahrens durch das Gaugericht hat ihre Ursache offenbar weniger in persönlichen Motiven als in dem nunmehr gerichtlichen Nachweis der Tatsache, dass auch der letzte Parteigenosse bei uns durchaus das freie Recht hat, gegenüber seinen Vorgesetzten alles zum Ausdruck zu bringen, was im Interesse unseres Volkes notwendig ist, und dass er wegen einer Kritik persönlich nichts zu befürchten hat und zu solchen Äußerungen auch gar keinen besonderen Mut aufbringen muss.

Mit dieser Erkenntnis aber bewege ich mich leider im

Gegensatz zu einem großen Teil unserer Parteigenossen, ganz zu schweigen von den übrigen Bürgern. Beim Herstellen meines Berichts habe ich diejenigen, die mir ihre Ansichten mitteilten oder sonstige Mitteilungen machten, wiederholt gebeten, mir diese oder jene Meinung oder Beschwerde doch auch schriftlich abzuliefern – diese Bitte wurde mir ausnahmslos abgeschlagen. Ich halte es für äußerst wichtig, dass dieser offenbar weit verbreiteten Ängstlichkeit endlich der Garaus gemacht wird.

Fast alle Pg, so fürchte ich, werden mir nunmehr sagen, da sehen Sie, Sie sind also doch reingefallen, Aufrichtigkeit wird nicht geschätzt, sachlich hatte man Ihnen zwar nichts vorzuwerfen, dafür aber bescheinigt man Ihnen nunmehr Dummheit, weil sie sich mit solch wahren Berichten nur unbeliebt machen und Ärger einhandeln und jetzt, nun sehen Sie es, sind Sie kaltgestellt, tot, wehrlos, Ihr Bericht bleibt hier im Ruhrgebiet, kommt keinesfalls bis nach Berlin.

Wenn ich im folgenden gegen die mehr oder weniger deutlich gemachte Behauptung, ich sei unfähig, klare Gedanken zu entwickeln, Einspruch erhebe, so ist mir die Gefahr des Absturzes vom Erhabenen ins Lächerliche durchaus bewusst. In meiner Schul- und Studienzeit mag man mir viel vorgeworfen haben, aber den Vorwurf der Dummheit habe ich nie gehört. Eher hat man meine Konzentrationsfähigkeit bemerkt und mich darum beneidet.

Zweifellos ist es niemals einfach, sich in die Stimmung anderer Volkskreise hineinzuversenken und deren Ansichten und Äußerungen obendrein auch noch lebendig und glaubwürdig wiederzugeben. In diesem Fall scheint dies in einem gewissen Maße gelungen, und zwar so sehr, dass der Verdacht aufkommen konnte, ich hätte Eigenes mit hineingeschrieben. Ich will mich hier nicht auf das künstlerische Niveau eines Schriftstellers begeben, immerhin, eine gewisse Verwandtschaft lag da wohl vor. Lebenswahr *mussten* meine mahnenden Berichte an die Führung sein, sollten sie glaubwürdig bleiben und Beachtung finden.

Ich habe nicht *meine* Gedanken entwickelt, sondern die von anderen Leuten. Dass diese nicht sehr klar erscheinen konnten, ist nur logisch, das ist ja die Schlussfolgerung meines Berichts. Der Kreisleiter selbst hielt den Bericht für so lohnend, dass er der Gauleitung empfahl, ihn eingehend durchzulesen, da er Wahrheiten enthalte.

Dennoch lässt mich der Vorwurf der Unfähigkeit natürlich nicht zur Ruhe kommen. Freilich gibt es bei mir durchaus eine gewisse Unfähigkeit, die hat der Ortsgruppenleiter in der Verhandlung treffend skizziert. Eine mangelhafte soldatische Erscheinung sei bei diesem »einfachen Parteisoldaten« sehr auffällig, allerdings, die kennzeichnet mich etwa so wie sie offenbar auch Scharnhorst gekennzeichnet hat, ebenfalls ein niedersächsischer Bauernsohn.

Scharnhorst, geboren im Dorf Bordenau bei
Hannover, plante und organisierte als General
im Zusammenhang mit den Reformen Steins die
Reform des preußischen Heeres vor Beginn der
Befreiungskriege gegen die napoleonische Besatzung

Aber was ist dagegen mit der *inneren* soldatischen Haltung? Gilt es nichts, dass ich meinen Bericht befehlsgemäß rücksichtslos und ›ungeschminkt‹ abgefasst habe?

Sie werfen mir Pedanterie vor. Als Ingenieur bin ich zu logischem Denken erzogen, auch liebe ich das Schachspiel. Wenn ein einziges Element einer Maschine nicht richtig arbeitet, funktioniert die ganze Maschine nicht. Eine solche Denkweise wäre bisweilen auch in der Politik sehr hilfreich, wo es, jedenfalls in einer guten Volksgemeinschaft, auf jeden Einzelnen ankommt.«

Dem Ortsgruppenleiter Arthur Bösel schickte ich von dieser »Erklärung« eine Kopie. »Lieber Arthur, ich stellte mir hier die reizvolle Aufgabe, meine eigene Dummheit zu widerlegen. Du wirst mich nicht beneiden. Das Gaugericht, das muss ich anerkennen, hat sich jedenfalls Mühe gegeben.«

Wenn ich nun, mehr als zwanzig Jahre später, in diesem Schriftwechsel wiederholt mein Bekenntnis zum Nationalsozialismus zu lesen habe, so erkenne ich das Ganze nach allen inzwischen zugänglichen Informationen als Folgen und Auswüchse meines entsetzlich Großen Irrtums. Aber zum einen gehören diese Formulierungen und Bekenntnisse nun mal zum unverfälschten Wortlaut dieser Dokumente und zum anderen wird das gemildert dadurch, dass es sich da in keinem Fall um geheuchelte, sondern tatsächlich um ehrliche Erklärungen gehandelt hat, die von einem Betrogenen abgegeben wurden, ohne Kenntnis der Taten und wahren Motive Hitlers und seiner Mordbande, um Bekenntnisse also in einem von vollendeter Propaganda blind gemachten Volk. Nicht umsonst lobe ich da ja ausdrücklich Leistung und Wirkung des Propagandaministers, offenbar erfüllt von der Ahnung, dass mit seinen Qualitäten alle weiteren Urteile stehen oder fallen.

Wenn ich heute aus großem Abstand heraus meine damaligen Berichte lese, so scheint mir bemerkenswert, dass ich, benebelt von der Lügenmaschine eines Lügenstaates, immerhin durch eigene Überlegungen herausgefunden und ziemlich deutlich geahnt habe, dass dieser zweite Weltkrieg nicht von den Alliierten vom Zaun gebrochen war, sondern von dem eigenen ach so verehrten Führer.

Auch empfehle ich, dieses Parteiverfahren mit den entsetzlichen Selbstanklagemethoden in der UdSSR zu vergleichen und zu studieren, wie Wolfgang Leonhard sie beschreibt in »Die Revolution entlässt ihre Kinder« oder Kampe in »Herren und Knechte«. Was in diesen Prozessen an seelischer Zermürbung ablief und an Gehirnwäsche, das ist für unsere Begriffe unfassbar und man kann nur hoffen, dass diese Menschenfeindlichkeiten irgendwann einmal ganz der Vergangenheit angehören werden. Freilich war davon in Ansätzen auch in meinem Verfahren einiges zu spüren, womit ich aber zugleich sagen will, dass ich im Vergleich zu unzähligen anderen Prozessen im NS-Staat kolossales Glück entwickelt habe.

Erreicht allerdings habe ich am Ende mit meinen Berichten aus der Ruhrbevölkerung gar nichts. Sie dürften in der Tat in der Reichsleitung in Berlin nie eingetroffen sein, denn für die Kenner der Verhältnisse in Essen, so haben mir Freunde später versichert, war von Anfang an klar, dass in meinen Briefen deutlich auch Kreisleiter und Gauleiter als Negativfiguren angeklagt waren.

Carl Goerdeler hatte für den Fall, dass der Putsch am 20. Juli 1944 gelingen würde, einen Aufruf an die Nation geplant. Eine der Passagen darin lautete: »Im ganzen Volk raunt man seit Jahren: ›Seht den Gauleiter, seht den Kreisleiter, wie er sich bereichert.‹ Ist es denn tragbar, dass im Kriege hohe und höchste Würdenträger auf das Schamloseste in Deutschland und in den besetzten Gebieten fremdes Gut an sich bringen und im Wohlleben schwimmen, während in Millionen deutscher Familien die Not eingezogen ist?«

Kriegs-Ende und Nachkrieg

Mit unbeschreiblichen Katastrophen nahte das Kriegs-Ende, die Westfront erreichte den Rhein, es kam zum »Ruhr-Kessel« mit der Einschließung von 300 000 Soldaten und fünf Millionen Zivilisten im Zentrum der deutschen Industrie. Zusätzlich zu den fast täglichen Bombardements schlugen nun auch 21-cm-Granaten im Ruhrrevier ein, der Volkssturm wurde aufgeboten, und ganz plötzlich, Anfang März 1945, kam der Befehl, wonach die gesamte Bevölkerung die Ruhrstädte zu verlassen habe und ins Sauerland oder sonstwohin überzusiedeln hätte, weil im Ruhrgebiet angeblich neue Waffen eingesetzt und ausprobiert werden sollten. Für mich schien klar, dass es sich da um die Atombombe handelte. Unser Volkssturmführer Erich Althans, ein Apotheker, verkündete mir als erster diesen Befehl und erklärte, das Ruhrgebiet sei ausersehen als Übungsfeld für die neue »Wunderwaffe«. Meine Antwort: »Bestellen Sie dem, der das befohlen hat, er sei ein Verbrecher.«

Sofort habe ich mich mit allen möglichen Dienststellen in Verbindung gesetzt, nur, um von jeder die Bestätigung zu erhalten, ja, Essen müsse geräumt werden. Nur Oberbürgermeister Dillgardt traf, wie ich später erfuhr, tapfer Gegenanordnungen. Nachdem ich mich im AEG-Betrieb bei unserem kaufmännischen Chef abgemeldet hatte und wir uns beide gehörig über den Wahnsinn der

Räumungs-Anordnung ausgelassen hatten, begann ich, zu Fuß, mit LKW und per Bahn eine wochenlange Reise bis in das einsame Dorf in der Lüneburger Heide, wohin meine Frau zu meinen beiden jüngsten Söhnen geflüchtet war, die dort bei einer alten Tante wohnten.

Der Zweitjüngste, soeben erst 17 Jahre alt geworden, war im Begriff, sich

im April 1945

nach Stralsund durchzuschlagen, an die Ostfront, wo er auf eine militärische Ausbildung als Seekadett hoffte. Von der Ostfront war in jenen Tagen auch eine Nachricht von unserem Ältesten eingetroffen war. Was heißt schon »Ältester«, der war in diesem März 1945 erst 18jährig. Meine Frau versuchte, in der Angst vor der heranrollenden Ostfront und in der Erkenntnis des längst unvermeidlichen Endes, den 17jährigen zu überreden, in dem Heidedorf zu bleiben. Seine Antwort: »Willst du mich an meiner Pflicht hindern?«

Kurz drauf verschwand er mit einem Wehrmachtstransport in Richtung Nord-Ost. Nach einer kurzen Anfangsausbildung in Stralsund hat er dann noch mit völlig unzulänglichen Mitteln geholfen, die Ostseestadt zu verteidigen, wonach ihm die Flucht über die See in Richtung Westen gelang. Nach relativ kurzer Gefangenschaft auf Fehmarn fand er Mitte Juni als angeblicher Sohn eines Bauern wieder zurück zu uns in die Heide. Auch dem »Ältesten« ist in diesen Tagen noch im letzten Moment die Flucht über die Elbe nach Westen gelungen, hinüber in westliche Gefangenschaft. Die dauerte dann in Frankreich allerdings fast fünf Jahre.

Bei meiner recht umständlichen und mühsamen Reise von Essen in das Heidedorf an der Aller beobachtete ich unterwegs wiederholt eigenartige Elendszüge. Ich selbst war mit einem Handkarren losgezogen, auch diese Gestalten zogen zu Fuß dahin, aber sie wurden bewacht. Worum es sich da handelte, konnte ich zunächst nicht herausfinden. Das schienen Transporte von Zivilgefangenen zu sein, mehr war anfangs nicht auszumachen. Später kamen Gerüchte in unser Heidedorf, wonach in einem nahen Lager Fleckfiebertyphus ausgebrochen sei, an dem viele in solchen Lagern hätten sterben müssen.

Wann immer von deutschen Konzentrationslagern die Rede gewesen war, wurde behauptet und redete auch ich mir ein, dass es sich da – weil es die Führung immer wieder so erklärt hatte – um politische Umerziehungslager handelte, in Deutschland jedenfalls nicht etwa um das, was über die sowjetischen KZs veröffentlicht worden war. In den deutschen Lagern, so wollte ich tatsächlich glauben, sollte der Versuch gemacht werden, aktive Gegner unserer Bewegung in einer, wie ich hoffen wollte, anständigen Weise zu belehren und zu bekehren. Bei den Fleckfieberfällen handelte es sich, wie sich bald herausstellte, um das KZ Bergen-Belsen. An diesem Typhus im benachbarten Bergen-Belsen starb in eben diesen Tagen auch die später so berühmt gewordene, die sehr junge und so eindrucksvoll kluge Tagebuchschreiberin Anne Frank.

Beim Dorf Belsen hatte ich während des Krieges mit der Frau eines im Lager arbeitenden Mannes Heidelbeeren gepflückt und hab von dieser Frau damals kein Wort gehört darüber, dass dies Lager ein Konzentrationslager war. Später traf ich den Mann und fragte ihn, ob er denn nicht gewusst hätte, dass er in einem KZ gearbeitet habe. Antwort: »Das war ein Militärlager«. Bis heute weiß ich nicht, ob in dieser Antwort ein Schweige-Befehl bis über das Kriegs-Ende hinaus gewirkt hat oder wie sie auch in diesem Fall funktionierte, diese rätselhafte Mechanik der Selbstzensur und Verbohrtheit.

Wenige Tage nach meiner Ankunft in dem einsamen Dorf an der Aller besetzten früh morgens Engländer das Nest, das nur aus neun Bauernhöfen bestand. Als draußen auf der sandigen Dorfstraße die Panzerketten der Sieger ratterten, bin ich denen mit verschränkten Armen entgegengegangen, und als sie mich fragten, was ich wolle, tat ich die gut vorbereitete Äußerung: »The war was an error of Mister Churchill«.

Bis dahin wusste ich tatsächlich reineweg nichts von den tatsächlichen Geschehnissen, ahnte nichts von dem Unrecht gegen die Tschechen und vom Überfall der deutschen Truppen auf Polen. Entsprechend heftig war jetzt die Reaktion der Engländer. Außer verbalen Attacken geschah mir aber nichts. Und ich war dann noch lange Zeit der Meinung, deutlicher hätte ich meinen märchenhaften Glauben an die gerechte deutsche Sache nicht zum Ausdruck bringen können.

Wenig später jagte das britische Regiment »Queen« die ganze Dorfgemeinde samt all den inzwischen dort einquartierten Ostflüchtlingen binnen weniger Stunden aus den neun Bauernhöfen in den Wald hinaus. Es hieß,

General Montgomery wolle in unserem Dorf residieren, sein Head-Quarter würde hier eingerichtet. Zum Glück hat uns mein Bruder, der zehn Kilometer weiter unseren väterlichen Hof in dem Dorf Klein-Hehlen bei Celle betrieb, rechtzeitig aufgegriffen und mit einem gummibereiften Pferdewagen. Genau in dem Moment traf er ein, in dem der Ochsenkarren unserer alten Tante soeben in einem Graben gelandet, festgefahren und in keiner Richtung mehr zu bewegen war. Mein Bruder zog mit seinen Pferden die Karre samt der alten Tante buchstäblich aus dem Dreck und hat uns gegen die Anweisung der Besatzung auf Umwegen über Groß-Hehlen nach Klein-Hehlen auf seinen Hof geholt.

Dort erfuhr ich dann, am 12. Juni 1945, von einem sehr intelligenten Franzosen zum erstenmal die fürchterliche Wahrheit über die deutschen Konzentrationslager. Die Wahrheit auch über die Gaskammern. Und zwar erfuhr ich das absolut eindeutig und überzeugend, belegt mit Fotos. Ich verstand die Welt nicht mehr, verstand gar nichts mehr. Erst jetzt, hier und jetzt, nachdem zwanzig Jahre vergangen sind, wage ich mich zum erstenmal zu äußern zu diesen Dingen, die für immer unverzeihlich sind. Ich tu es jetzt, weil es nun endlich mal sein muss.

Obwohl es noch immer und gewiss für ewig keine Worte gibt, die diese Untaten angemessen beschreiben können und beurteilen, will ich hier in meiner Hilflosigkeit dieses Thema so angehen, dass ich frage, warum um Himmels Willen zum Beispiel der Gegner in seinen Flugblättern, deren Parolen und Mahnungen mir immer sehr läppisch erschienen, kein einziges Wort über diesen

kannte, konnte sich vorstellen, dass die kriminellen Lehrjungen in Berlin die stalinistische Tyrannei auf das allerbeste imitierten und noch steigern konnten und Millionen Unschuldiger in den Tod treiben, nur weil andere Menschen anders dachten oder einer Minderheit angehörten.

Unsere Bevölkerung ahnte ja schon nichts von der Vergewaltigung des tschechoslowakischen Präsidenten Hacha, schon in Prag, so legte ich mir das damals immerhin zurecht, hatten wir rein gar nichts zu suchen, schon im Verrat an der Goldenen Stadt hätte sich Hitlers Niedertracht ahnen lassen können. Große Worte wie das hier am Anfang zitierte verhüllten seine bestialischen Absichten, die einem darwinistischen Auslese-Wahn verfallen waren, einem Wahn, der auch noch heute leider viele Menschen beherrscht (»survival of the fittest«). Im Fall der Nazis lähmte und verblödete uns der Größenwahn, wonach die Deutschen die Besten seien, geborene Herrenmenschen, eine reine, eine erlesene Rasse, und wonach er, Hitler, sich selbst für den größten Feldherrn aller Zeiten hielt, größer als Napoleon, dessen Russlandfeldzug er in verbesserter Auflage wiederholen wollte.

50 Millionen Tote hat dieser Wahn gekostet.

Rückschauend erinnere ich mich, wie Hitler um 1930 mal eine Knallerei in München geschildert hat, mit einer beinahe infantilen Lust schilderte er dieses kriminelle Gefecht und er prahlte, diese Ballerei hätte ihn an Ereignisse im ersten Weltkrieg erinnert. Die Geschmacklosigkeit seiner Schilderung hab ich damals schmerzlich empfunden und nur zu sehr gehofft, dass es sich da nur um einen

Rückfall in pubertäre Torheiten gehandelt haben musste. Offenbar war es im Grunde genau solch ein primitiver Vernichtungs-Instinkt, der diesen Menschen fanatisch getrieben hat.

> Hitler 1934: »Das Schwache muss weggehämmert werden. In meinen Ordensburgen wird eine Jugend heranwachsen, vor der die Welt erschrecken wird. Eine gewalttätige, herrische, unerschrockene, grausame Jugend will ich. ... Es darf nichts Schwaches und Zärtliches an ihr sein. Das freie herrliche Raubtier muss wieder aus ihren Augen blitzen. ... Ich will keine intellektuelle Erziehung. Mit Wissen verderbe ich die Jugend ...«
> Hitler 1934 gegenüber Hermann Rauschning, in Rauschning: *»Gespräche mit Hitler«*, New York 1940, S. 237. Rauschning (1887–1982) war lange Jahre Hitler-Vertrauter, später ein erbitterter Gegner, seine »Gespräche« wirken authentisch, ihre Veröffentlichung in deutscher Sprache suchten die Nazis mit allen Mitteln zu verhindern.

Hitler schien sich später, so hoffte ich ab 1933, in seine Aufgaben hineingearbeitet zu haben, das wirkte alles so, als habe er an den wachsenden Erfordernissen auch selber wachsen können. Während der Olympiade 1936 in Berlin war er auch international weitgehend anerkannt als erfolgreicher Staatsmann. Seine mir so töricht erscheinenden Bemerkungen in »Mein Kampf« (statt Kolonien in Afrika das Ausweichen in den »Ost-Raum«) waren, so hoffte ich, durch den Vertrag mit Polen und durch viele kluge und weise Worte, von denen ich eines an den Beginn dieses Berichts gestellt habe, überwunden und ad absurdum geführt.

Die Propaganda wusste die Ereignisse in den dreißiger Jahren immer wieder so darzustellen, als wenn Hitler mit fast nachtwandlerischer Sicherheit immer im passenden Moment das Richtige getan hätte. Als Prag geschah und ich unsicher wurde, fiel ich denn auch prompt auf die Behauptung herein, dass dieses neue »Protektorat Böhmen Mähren« von dem Präsidenten der Tschechoslowakei so und nichts anders gewünscht worden sei. Und wunderte mich viel zu wenig darüber, dass Hitler in Prag hatte einmarschieren lassen, ohne zuvor mit England und Frankreich ein Einverständnis erzielt zu haben.

Heute ist mir klar, dass es eine gerade Linie zu geben scheint, die von seiner idiotisch pubertären Freude über die Münchner Knallerei bis hin nach Stalingrad führt. Dazu diese unverschämte, diese menschenverachtende Erfindung des »Untermenschen«, des jüdischen oder des slawischen. Freilich waren es Verachtenswerte, die das russische Volk quälten, aber Hitler warf Quäler und Gequälte in einen Topf. Ach, es gibt genug Zeugnisse von der Liebenswürdigkeit auch des russischen Volkes, aber man sollte grundsätzlich aufhören mit Pauschal-Urteilen über Völkerschaften, jede Äußerung, die ihren Anfang nimmt mit »Die Russen sind – « oder »Der Engländer ist – « – solche Aussagen sollten geradezu völkerrechtlich untersagt werden.

Man denke daran, wie oft nach 1945 hungernde Russen deutschen Kriegsgefangenen von ihrem Wenigen abgegeben haben. Nach Kriegsende lernte ich zahlreiche ehemalige russische Kriegsgefangene kennen, die in deutschen Gefangenenlagern auf das Schrecklichste hatten leiden müssen, zumal in Niedersachsen. Von den über hundert frei gewordenen Russen, die im Mai und Juni 1945 auf dem Hof meines Bruders in Klein-Hehlen bei Celle lagerten, hat uns nicht ein einziger irgendein Unrecht getan, obwohl wir mit unseren Frauen und Kindern diesen Hunderten, die entsetzlich gelitten hatten, wehrlos ausgeliefert waren. Ich bewahre aus diesen Monaten noch einen Zettel mit der ungelenken Schrift eines »Kommissars Kolzow«, mit dem er mir persönlich bescheinigt: »Auf diesem Hof ist Plündern verboten. Hier wohnen gute Kommunisten. Wer hier plündert, wird erschossen. Aber täglich 1 Liter Milch bekommt Kommissar A. Kolzow, Minsk.«

Die Freundlichkeit der Leute aus Russland wurde höchstens noch von den Höflichkeiten der etwa zwölf Franzosen überboten, die ebenfalls den Hof bevölkerten. Von denen beteuerten mir einige sogar, dass sie in Deutschland gut behandelt worden seien. Man weiß, auch dies war nicht die Regel. Wir beherbergten damals in den Ställen und Scheunen auf dem großen niedersächsischen Hof meiner Väter eine überaus gemischte Internationale, und alltäglich und allnächtlich gab es Situationen, die nicht ganz ungefährlich waren. Keine Probleme jedenfalls gab es mit der stärksten Volksgruppe, mit den mehr als hundert Russen in der großen Scheune, gefüllt mit Heu und Stroh und jederzeit in Gefahr, in Flammen aufzugehen. An diese erstaunlich glimpflich verlaufene Zeit, als von anderen Orten unentwegt von Plünderungen und Rache-

Akten und Erschießungen zu hören war, knüpfe ich nun – unverbesserlicher Optimist – große Hoffnungen auf eine fernere bessere Zukunft, auf einen echten Frieden auch mit diesem so arg gepeinigten Vökern der Russen und Ukrainer, die unsere Soldaten in völliger Unkenntnis der Absichten Hitlers als Befreier begrüßt hatten, mit Blumen und mit Freudentränen und die dann von Grund auf ebenfalls getäuscht, betrogen und misshandelt wurden.

In Wahrheit gehört allerdings Hitler selbst, zusammen mit Himmler und Genossen, in die tiefste Kategorie von »Untermenschen«, wenn man nicht eine solche Bezeichnung überhaupt untersagen sollte. Als ich 1931, beim Eintritt in die NSDAP, meinen Eid auf diesen »Führer« geleistet hatte, da stand ich innerlich vor der Frage, ob man denn überhaupt auf einen Einzelmenschen jemals solch einen Eid schwören kann – kann ein Einzelner denn nicht, wie jeder Mensch, Fehler machen, krank werden, womöglich eines Tages sogar wahnsinnig? Ich ahnte nicht, dass dieser Mann es längst war.

Und ich gestehe, ich habe diesen fragwürdigen Eid vor meinem Gewissen damals bewusst nur für mein leidendes Vaterland geleistet. Denn jeder blinde Gehorsam bleibt für mich immer etwas Fremdartiges, etwas Unheimliches, ja Unmenschliches. Selbst die Formulierung des Jesus, wonach wir in den Himmel nur durch ihn kämen, »nur durch mich«, erschien mir immer wieder als Zumutung und Vermessenheit. Damals, beim Schwur auf Hitler, in der allgemeinen Not, wusste ich mir nicht anders zu helfen. Und musste dann die bittersten Erfahrungen meines Lebens machen.

Ohne die Knebelung durch den Vertrag von Versailles, ohne die Wirtschaftsnot und die Arbeitslosigkeit wäre Hitler nie an die Macht gekommen. Sinn dieses Berichtes soll sein, nicht nur die Irrtümer und Verblendungen zu schildern, mit denen die deutsche Bevölkerung betrogen wurde, sondern auch das anfangs, nach 1933, geradezu überwältigend Positive, so wie es in den Riefenstahl-Filmen spürbar wird. Auch das muss endlich einmal gesagt werden, um das schändliche und schädliche, das falsche Bild von den Deutschen als einem Volk von größenwahnsinnigen und mörderischen Nazis endlich zu beseitigen.

> Thomas Mann am 17.7.1944 im Tagebuch: »Man soll nicht vergessen und sich nicht ausreden lassen, dass der Nationalsozialismus eine enthusiastische, funkensprühende Revolution, eine deutsche Volksbewegung war mit einer ungeheuren Investierung von Glauben und Begeisterung.«

»Entnazifizierung«

Der Vorsitzende des eigenartigen Gremiums, das meine »Entnazifizierung« betreiben sollte, hielt zum Schluss der Verhandlung eine Rede mit dem Fazit, dass ihm in seiner zweijährigen Tätigkeit als Vorsitzender solcher Ausschüsse ein Fall wie der meine noch nie begegnet sei. Was er dann folgen ließ, hat mich dermaßen aufgewühlt, dass ich die Einzelheiten beim Zuhören gar nicht recht aufnehmen konnte. Ich erinnere mich nur noch an eine einzigartige Preisrede, an sehr viele wohlformulierte Lobsprüche über mein Verhalten innerhalb der NSDAP, wobei sich der Redner schließlich auf Zeugnisse der Bewohner meines Blocks im Essener Stadtwald bezog, auf zahlreiche warmherzige Aussagen, etwa auch der halbjüdischen Zeugin Randel. Dieses Schlusswort des Vorsitzenden war kein Plädoyer der Anklagen und Bezichtigungen, das hatte eher den Charakter einer Grabrede bei der Beerdigung eines beliebten Geistlichen.

Beim Zuhören rang ich schon mit mir, ob ich diesem Vorsitzenden, einem Herrn Buschhaus, am Schluss dankbar die Hände drücken sollte. Doch dann setzte er zu einem überraschenden Finale an, zu einer merkwürdigen Volte, die ich bis heute nur schwer begreifen kann. »Es kommt nun aber nicht darauf an, ob Herr L. ein anständiger oder ein unanständiger Aktivist seiner Partei war, sondern es kommt einzig darauf an, dass er ein Aktivist war. Und das war er allerdings.«

Mitten hinein in meine Verwirrung schneite das kalte Urteil: »Gruppe III b«. Das hieß, ich war »belastet«, war schuldig. Ich musste bestraft werden.

Wie mir Pastor Böttcher später berichtete, war dieser warmherzige Herr Buschhaus von kirchlicher Seite in den Ausschuss berufen worden. Was er sich aber in diesem Fall geleistet hat, das entsprach, finde ich, keiner christlichen, sondern eher einer Denkweise und Methode, die man doch mit den Entnazifizierungs-Ausschüssen hatte bekämpfen wollen. Gesinnungslose Mitläufer und Einschmeichler ließ man in Scharen laufen. Leute aber, die sich hatten täuschen lassen und mit Herzblut in eine Sache hineinknieten, die das Beste für ihre Mitmenschen gewollt hatten – unabhängig davon, dass sie in Wahrheit hintergangen und betrogen wurden – wurden schuldig gesprochen und entehrt. Unabhängig vom jeweils vorliegenden Individualfall ganze Gruppen pauschal entweder zu bevorzugen oder aber zu verdammen, das war und ist, so meine ich nach wie vor, die Methode von Faschisten, eine Methode, die mir für immer fremd geblieben und widerwärtig ist. Wie in vielen anderen Fällen wurde auch in diesem Fall nicht differenziert, sondern pauschaliert – ein Mann wie Veit Harlan zum Beispiel, Regisseur des Hetzfilms »Jud Süß«, wurde dreimal von solchen Ausschüssen entlastet. Jedes Mal mit der Begründung, er habe nur gezwungenermaßen die Regie-Arbeiten übernommen, aus Angst um Freiheit und Leben.

Ich kam bei meiner Verhandlung nur zu einem sehr

kurzen Schlusswort. »Mir scheint, es gibt drei Arten von Nationalsozialismus. Den verkündeten, den tatsächlichen und meinen eigenen. Wenn sie glauben, mein Nationalsozialismus habe dem tatsächlichen geglichen, dann waren der Kapitalist Hugenberg und der Kommunist Thälmann eineiige Zwillinge.« Diese Zuspitzung trug natürlich bei den Entnazifizierern nichts mehr zur Klärung bei. Leider auch nichts zur Besserung meiner Lage. Von nun an war ich verurteilt, von nun an war ich schuldig, arbeitslos, mittellos.

In meinem Essener Betrieb waltete in meinem Büro von nun an mein Nachfolger, den ich seit langem gut gekannt hatte und der mir jetzt erklärte: »Wir haben nichts gegen Sie. Sie haben sich in unserem Betrieb nichts zuschulden kommen lassen, aber Sie waren nun mal der Repräsentant der Bewegung.« Das war wieder eine dieser Schlussfolgerungen aus geistloser Haltung, die pauschal verdammt.

Dieser Nachfolger hat dann entscheidend dazu beigetragen, dass ich nicht wieder eingestellt wurde und auch keine Betriebsrente bekam. Dabei hatten wir in all den Jahren zuvor immer recht offen, ja familiär miteinander verkehrt. Mir fällt jetzt wieder ein, wie wir mal – noch lange vor dem Krieg – miteinander diskutiert hatten, schließlich auch darüber, ob es wohl, nach dem Einmarsch in Prag, einen Krieg geben könnte. Darauf hatte er merkwürdig reagiert: Wenn es Krieg gibt, dann mache ich vor Freude einen Sprung in den Himmel. Worauf ich ihm sagte: Sie sind ein durch und durch verdorbener Mensch. – Meine Neigung, immer wieder undiplomatisch zu reagieren, also offen und ungedeckt, wie es im Schachspiel heißen würde, diese Neigung hat mir wohl auch in diesem Fall nachhaltig geschadet.

Es half damals auch nichts, dass mir dann 39 Angestellte der Essener AEG gemeinsam das Folgende erklärt haben: »Wir alle haben in der Zeit von 1933 bis 1945 weder der NSDAP noch der SA, SS, der NSKK und NSFK angehört, waren während dieser Jahre im Betrieb der Essener AEG beschäftigt und sind froh gewesen, dass wir Herrn Lodemann als Betriebsobmann hatten, denn er hat es verstanden, allen politischen Druck und alle Tyrannei von uns fernzuhalten und hat sich stets anständig und kameradschaftlich verhalten. Wir wurden nicht besser und nicht schlechter behandelt als seine Parteigenossen. Lodemann ist für unbedingte Toleranz eingetreten, wir haben ihm offen unsere Meinung sagen können, ohne fürchten zu müssen, dass er uns Schaden zufügt. Er hat des öfteren seiner Überzeugung Ausdruck gegeben, dass die NSDAP friedliche Ziele verfolge und hat selbst noch im Dezember 1938, als wir mehr oder weniger die Hoffnung auf einen friedlichen Ausgang der Hitler-Politik aufgegeben hatten, noch an den Frieden geglaubt. Er hat uns gesagt, dass er der Partei beigetreten sei, um jedermann helfen zu können, auch denen, die nicht Mitglied waren, und wir können bezeugen, dass er in seiner Praxis diesen Grundsätzen treu geblieben ist.

Eine gute Kameradschaft aufzuziehen und unsere sozialen Belange zu fördern, das ist ihm immer gut gelungen. Sein Fehler war, dass er nicht die wahren Motive der führenden Nationalsozialisten erkannt hat, und wir glauben, dass er tatsächlich keine Ahnung hatte von den Verbrechen, die in der NS-Zeit begangen wurden. Wir möchten annehmen, dass er solches Unwesen gerade deshalb nicht für möglich halten konnte, weil er selbst viel zu anständig war, um anderen so etwas zuzutrauen. Wir würden uns freuen, wenn Lodemann wieder mit uns an seinem alten Platz arbeiten könnte. Glück auf!«

Regierungsbaumeister Korff fügte noch persönlich hinzu: »... ist mir seit dem Jahre 1925, in welchem er hier eintrat, bekannt. Soweit ich beurteilen kann, hat er keinerlei Vorteile von seiner Zugehörigkeit zur Partei gehabt, auch nicht in der Position des Obmanns, in der er sich sehr um die sozialen Belange der Belegschaft gekümmert hat. Mehrfach bin ich Zeuge gewesen, wie er Vorgesetzten gehörig die Meinung gesagt hat, wann immer ihm irgendwelche Anordnungen der Betriebsführung nicht richtig erschienen. Er hatte hier in Essen von 1925 bis zuletzt stets die gleiche Stellung inne. Ich selbst gehörte niemals der Partei oder einer ihrer Gliederungen an, da ich ihr als Freimaurer kritisch gegenüberstand.«

Und der Kommunist Josef Werner bekundete: »Herr L. hat mir im Jahr 1944 einen Teil seiner Wohnung überlassen und ist meiner Familie und mir stets anständig entgegengetreten, obwohl er sofort gemerkt hat, dass ich Antifaschist bin. Auch während meiner langen Abwesenheit (da man mich, obwohl bekennender Kommunist, noch zum Soldaten gemacht hatte) hat er es meiner Familie gegenüber nicht an Entgegenkommen fehlen lassen. Ich glaube nicht, dass er in der NSDAP geblieben wäre, wenn er eine Ahnung gehabt hätte von dem, was von Berlin aus gespielt wurde. Er hatte eine vollkommen falsche Vorstellung von den führenden Nazis, weil in seine ehrlichen Gedankengängen so etwas gar nicht hineinpasste.«

Aus der Nachbarschaft schrieb der Kaufmann Richard Wildelau: »Obwohl ich während des Krieges eingezogen war und seit 1942 nicht mehr in Essen weilte, kann ich versichern, dass mir draußen die Mitteilung meiner Frau eine große Beruhigung war, dass sie insbesondere während der Luftangriffe nie im Stich gelassen und Herr L. stets zur Hilfe bereit war. Weiterhin kann ich mich nicht entsinnen, ihn auch nur ein einziges mal in der Uniform eines NS-Amtsträgers gesehen zu haben.«

A. Kachel, ein anderer Nachbar, merkte an: »... dass L. nie den Versuch einer Werbung für die Partei unternahm und dass er sich ausschließlich für die rein menschlichen und moralischen Belange ereiferte und dass er abwegige und marktschreierische Partei-Ideen entschieden verurteilte, insbesondere das abstoßende Bonzentum.« Und Johanna Spielkamp: »Als alleinstehende Witwe mit vier Kindern habe ich oft seinen Rat eingeholt und fand stets bereitwillige Hilfe. Trotz meiner Einstellung gegen den Nationalsozialismus, die dem Herrn L. bekannt war, wurde unser freundschaftliches Verhältnis nie getrübt, da Herr L. niemals eine politische Beeinflussung versucht hat. Er war in der ganzen Nachbarschaft als freundlicher und guter Mensch geschätzt und geachtet.«

Aus 22 weiteren »Gutachten« könnte ich hier Ähnliches zitieren, auch aus dem überaus liebenswerten Schreiben der »Witwe Wilhelm Pittig«, wie sie sich selbst bezeichnet. Sie schildert noch einmal den tödlichen Unfall ihres Mannes und wie ich mich dafür eingesetzt hätte in langwierigen Prozessen und Bittgängen, damit sie mit ihren 4 Kleinkindern die volle Versicherungssumme ausbezahlt bekam und am Ende nicht nur mehr Geld hatte als zuvor mit ihrem Mann, sondern obendrein auch ein fertiges 6-Zimmer-Haus.

Auch Pfarrer Johannes Böttcher, in der NS-Zeit »Vertrauensmann der bekennenden Kirche für den Kirchenkreis Essen«, stellte ein Zeugnis aus. »Herr L. ist mir seit Februar 1945 bekannt. Nachdem ich mehrfach ausgebombt war, haben Herr L. und seine Frau uns in sehr herzlicher Weise in ihrer Wohnung aufgenommen, obwohl dadurch ihr eigener Wohnraum in fühlbarer Weise beschränkt wurde. Wir wohnten zeitweise mit 4 Personen in seiner Wohnung bis September 1945 und erfuhren viel Hilfe und Entgegenkommen. In mehrfachen Unterredungen wurde mir klar, dass Herr L. keinerlei Einblick hatte in die verbrecherischen Machenschaften der Staatsführung, sondern dass er aus einer sozialen Grundeinstellung zur Partei kam. Trotz meiner antinationalsozialistischen Ansichten konnte ich mit ihm offen sprechen und durfte dessen gewiss sein, dass meine Äußerungen in keiner Weise missbraucht wurden. An der redlichen Haltung beider Eheleute hat für uns nie ein Zweifel bestanden.«

All diese Zeugnisse, wie gesagt, galten dann bei der Verurteilung plötzlich nichts mehr. Idealismus galt als sträfliche Verfehlung, die Mitläuferei dagegen, die Anpasserei der Profiteure wurde goutiert. Das ist die verhängnisvolle Mitgift der sogenannten »Entnazifizierung«, ein Ballast für unser Nachkriegsdeutschland.

Rechtsanwalt Köring, der bei der Entnazifierung eine leitende Rolle spielte, erklärte mir nach dem Urteil: »Ihre Zivilcourage war ein Ausnahmefall. Hätten alle so gedacht und gehandelt, hätten die Schweinereien nie passieren können.« Von solchen Blumen konnte ich mir wenig kaufen, und es bleibt mir nun nichts anderes übrig, als in diesem schriftlichen Versuch Wert auf die Feststellung zu legen, dass jene »Schweinereien« von der erdrückenden Mehrheit der Bevölkerung niemals gewusst und niemals gewollt wurden. Dass eine Unzahl damals in bestem Glauben gehandelt hat – im Irrglauben – und dass eine große Zahl auch in der Hitler-Partei soziale Absichten hatte, nichts anderes.

Und heute?

Habe ich mich richtig erinnert? Über das unsägliche Vernichtungslager Auschwitz, über das entsetzliche Todeslager Birkenau gab es vollkommen unterschiedliche Berichte. Bei den Verhören in den Frankfurter Auschwitz-Prozessen war großartig von »Pflicht« die Rede und von anderen Tugenden, von Gehorsam, Treue und Glauben. Das Gedächtnis der Herren Aufseher und Untäter zauberte über ihre eigene Rolle in Auschwitz die verblüffendsten Lügenmärchen. Einer von ihnen, las ich, war sogar überzeugt, er habe mit einem Häftling philosophische Gespräche geführt. Als hätten sich da gleichwertige Partner gegenüberstanden und nicht etwa Peiniger und Gequälter. Unvergesslich ist mir auch der Bericht eines Überlebenden, der schilderte, wie an einem Abend die Sonne auch über Auschwitz schön unterging und wie einer dieser entsetzlichen SS-Leute vor einer Barackentür eine Zigarette geraucht habe und einen Schlager summte. Und der Häftling erinnerte sich damals noch sehr genau, was in jenen Jahren zu dieser Radio-Melodie zu singen gewesen war: »... und wieder geht ein schöner Tag zu Ende«.

Das Gedächtnis ist immer mal wieder ein perfekter Irrgarten. Jedenfalls klaffen die Erinnerungen schon nach wenigen Jahren weit auseinander. Auch der SS-Mann hatte über das, was er an diesem Tag getan hatte, schon am Abend desselben Tages eine erschreckend andere, eine gänzlich verschobene Vorstellung.

Nur um solchen inneren Entstellungen zu entgehen, habe ich hier dermaßen ausführlich Dokumente und Briefe wörtlich zitiert.

Mag ja sein, dass ich als einer, der bis zuletzt befangen blieb in seinem Großen Irrtum, der bis zuletzt meinte, ein NSDAP-Mann sein zu müssen oder vielmehr das, was er dafür hielt, nämlich einer, für den soziale Dinge und die Notlage der einfachen Leute die Hauptrolle spielten, dass so einer denn doch ein Ausnahmefall war. Nach 1945 jedenfalls gab es plötzlich, wie durch Zauberei, nur noch Mitläufer oder stumme Helden im Widerstand. Ich finde, es ist wichtig, hier und jetzt einmal mit wörtlichen Belegen dargestellt zu haben, warum und wie, aus welchen Sorgen, aus welchen sachlichen Gründen jemand ebenfalls zur NSDAP hatte kommen können.

Und es mag ja auch sein, dass ich als volkswirtschaftlicher Laie mit diesem Fachmann Gottfried Feder nur großartig Wolken geschoben habe. Meine Idee einer realistischen Deckung der Währung nicht durch Gold, sondern durch Arbeitsleistung – war sie so unrealistisch? Immer mal wieder wird auch heute gemahnt, die hemmungslose Profit-, Zins- und Geldwirtschaft könne auf Dauer nicht gut enden. Und immer mal wieder wird auch heutzutage gerätselt, auf welchen Wegen damals dieser Dr. Hjalmar Schacht nach 1933 dem rassistischen Herrn Hitler die finanziellen Probleme so rasch hat meistern können. Schacht hatte nun mal nicht nur in Gottfried

Feder hilfreiche Mitarbeiter. Feder jedenfalls bekam Anregungen und Denkanstöße.

Nicht nur in der »Deutschen Geschichte« des Historikers Golo Mann lese ich da eine denkwürdige Bemerkung. Wie Schacht das alles geschafft habe, so schreibt er, das bleibe für immer »Schachts Geheimnis«. Auch in Augsteins »Spiegel« finde ich immer dann, wenn es um die ökonomischen Bewegungen nach 1933 geht, um den damaligen blitzartigen wirtschaftlichen Aufschwung, dass man es sich zu einfach mache, wenn man sich diese Wirtschaftsblüte nur aus der angekurbelten Hochrüstung erkläre. Golo Mann jedenfalls meint: »Wie Schacht diesen schnellen Aufschwung zuwege brachte, bleibt weitgehend sein Geheimnis«. Und in einem persönlichen Brief hat mir Dr. Schacht dann tatsächlich noch bestätigt, dass ich mit meinen Arbeiten vor 1933 volkswirtschaftlich »auf dem richtigen Wege gewesen« sei.

Und heute?

... Vor der Tatsache, dass wir – zum Glück – alle Abweichler sind und alle Mischlinge und dass diese rätselhafte Schöpfung uns alle vor dem Recht zwar gleich, in der Realität aber immerzu verschieden hat werden lassen, vor diesen Tatsachen sollten wir den Weg der Demut finden. Es sollte sich nach all diesem Entsetzen niemand mehr anmaßen, so etwas besitzen zu wollen wie eine Weltformel der Wahrheit.

Das Prisma des Holocaust

Nachwort von Harald Welzer

»Wenn in späteren Jahren einmal ein Forscher, der die Juden nur vom Hörensagen kennt, die Akten im Stadtarchiv Dortmund durchwühlt, wird er die Erkenntnis gewinnen, dass auch die deutschen Pfandleihanstalten zu ihrem geringen Teil an der Lösung der Judenfrage in Deutschland mitgearbeitet haben.« Das schreibt mit sichtlicher Befriedigung über die geleistete Arbeit der Leiter der Städtischen Leihanstalt Dortmund im August 1941.[1] Dieser Amtshandelnde hat also einen Sinn darin gesehen, zur »Lösung der Judenfrage« und damit zu einem wesentlichen Aspekt des nationalsozialistischen Projekts beigetragen zu haben. Man versteht die emotionale Durchschlagskraft dieses Systems nur dann, wenn man berücksichtigt, welche Chancen zur Identifikation und zum Engagement das System denjenigen bot, die es als zugehörig zur Volksgemeinschaft definierte. Die nationalsozialistische Gesellschaft vermochte ihre ungeheure psychosoziale Energie und Dynamik gerade deshalb freizusetzen, weil das »tausendjährige Reich« von den meisten nichtjüdischen Deutschen als ein gemeinsames Projekt empfunden wurde, an dem sie teilhaben wollten und auch durften. Dazu bedarf es einer klar definierten Gruppe von Nicht-Zugehörigen. Wir wissen inzwischen aus einer Reihe von Untersuchungen, dass die

Ausgrenzung und Verfolgung der Juden die Zustimmung zum System auch allgemein nicht behinderte, sondern im Gegenteil beförderte.[2]

Ein anderer Grund für die begeisterte Zustimmung zum System besteht in der Zukunft, die es den Zugehörigen versprach. Auch das belegt das Zitat des Leihanstaltsleiters: Nachgeborene – die Historiker einer imaginierten Zukunft – werden die Juden überhaupt nur noch »vom Hörensagen« kennen. Man sieht hier, dass eine imaginierte Zukunft immer schon Teil gegenwärtiger Handlungsentscheidungen ist.

Handlungen beziehen sich in jedem Moment sowohl auf Vergangenes wie auf Zukünftiges – auf Vergangenes deshalb, weil sie auf Erfahrungen zurückgreifen, auf Zukünftiges, weil ein zu erreichendes Ziel Bestandteil des Handlungsentwurfs und seiner Umsetzung ist. Wenn wir eine Handlung ausführen, liegt ihr der Vorausentwurf einer späteren Handlungsfolge zugrunde. Das Futurum zwei – es wird geschehen sein - ist eine ziemlich komplexe mentale Operation, denn es setzt voraus, dass man imaginativ auf etwas in einer Zukunft Entstandenes zurückblickt – wie es etwa W. G. Sebald den deutschen Volksgenossen zuschreibt, »im August 1942, als die Spitzen der sechsten Armee die Wolga erreicht hatten und als nicht wenige davon träumten, wie sie nach dem Krieg in den Kirschgärten am stillen Don auf einem Landgut sich niederlassen wollten«.[3] Der Philosoph Alfred Schütz nennt dieses Vorausträumen eine »antizipierte Retrospektion«, und genau solche antizipierten Retrospektionen treiben das Denken und Handeln des Leihanstaltsleiters wie unzähliger anderer an, die am nationalsozialistischen Projekt beteiligt waren und ihm Sinn beimaßen.

Die Protagonisten des »Dritten Reichs« bezogen einen großen Teil ihrer Energien aus solchen antizipierten Retrospektionen; eine prototypische Figur dafür ist Albert Speer, der sogar eine »Ruinenwerttheorie« entwickelte, die die Monumentalbauten des »Tausendjährigen Reiches« bis in eine Zukunft hinein entwarf, in der nur noch Trümmer und Ruinen von der einstmaligen Größe des Reichs künden würden.[4] Und das nationalsozialistische Projekt bezog seine Dynamik daraus, dass seine Akteure nicht einfach im Rahmen von Vorgaben gehandelt haben, sondern ihre Definition von Pflichterfüllung eben darin bestand, weit über das geforderte Maß hinauszugehen, mehr zu tun, als von ihnen erwartet werden konnte. In der Mobilisierung einer solchen Motivation, die gewiss viel mit tradierten Pflichtethiken und mit Arbeits- und Produktstolz zu tun hat, liegt eine der fatalen Stärken des nationalsozialistischen Systems, und diese Mobilisierung war nur möglich, weil die Akteure vom Sinn ihrer aufreibenden Aufgabe zutiefst überzeugt waren und deshalb ihr Bestes zu geben bereit waren.

Jürgen Lodemann legt nun einen Fall vor, der ebenfalls im Spektrum all jener vorkam, die zum nationalsozialistischen Projekt beitragen wollten und beigetragen haben. Sein Vater Friedrich Lodemann nämlich war ein so überzeugter Nationalsozialist, dass er seinem Sohn sogar bescheinigte, nur wegen Hitler auf der Welt sein zu dürfen, was nun allerdings eine Dedikation ist, an der man schwer zu tragen hat. Umso wichtiger, dass Jürgen Lodemann mit den Aufzeichnungen seines Vaters einen überzeugten Nationalsozialisten zu Wort kommen lässt, einen von jener Sorte, die von Idealismus beseelt sind. Friedrich Lodemann verkörpert auf seine Weise, dass man, will man die Entwicklungsdynamik des »Dritten Reiches« und seine emotionale Tiefenwirkung verstehen, nicht davon absehen kann, dass das NS-System eine spezifische Form von Moralität etabliert und Engagement freigesetzt hat, und daher mit den Begriffen »Willkür-« oder »Gewaltherrschaft« genauso unzulänglich beschrieben ist wie mit »Zivilisationsbruch« oder »Barbarei«. Es geht hier um das schillernde Phänomen der normativen Umformatierung einer kompletten Gesellschaft mit all ihren Beiträgern – vom idealistischen Nazi bis zum anfänglichen Skeptiker, der sich schließlich doch überzeugen lässt. Friedrich Lodemann hat sich durch seine nationalsozialistische Moral sogar noch zu Zeiten des »Dritten Reichs« ins Abseits begeben, in dem er sich durch Vorwürfe an Parteiführer zweimal vor das Parteigericht brachte. Wir müssen auch solche verqueren Fälle zur Kenntnis nehmen, um zu verstehen, wie eine in der Konsequenz tödliche Gesellschaftsentwicklung wie die des Nationalsozialismus zustande gekommen ist.

Das gelingt nicht, wenn man diese Gesellschaft immer vom Ende her, also durch das Prisma des Holocaust betrachtet. Der Alltag des Nationalsozialismus sieht im Blick durch dieses Prisma eigentümlich statisch und hermetisch aus. Dabei war die Massenvernichtung erst das Ergebnis eines gerade acht Jahre jungen, ungeheuer beschleunigten gesellschaftlichen Wandlungsprozesses. Geschichte und Geschichtspädagogik müssten vor die Hintergrund nicht mehr das monumentalisierte Gra der Vernichtungslager ins Zentrum stellen, sondern das unspektakulärere, alltäglichere Bild einer Gesellschaft, die zunehmend verbrecherisch wird, oder, genauer gesagt, normativ umcodiert, was als erwünscht und verwerflich, gut und schlecht, ordnungsgemäß und kriminell gilt. Wenn die um den Holocaust zentrierten Anstrengungen einen Sinn haben können, dann doch offensichtlich den, begreiflich zu machen, dass unter bestimmten Bedingungen sich nicht nur die bösen Menschen zu gegenmenschlichem Verhalten entscheiden oder dazu beitragen, sondern auch die guten.

Anmerkungen

1 Kwiet, Konrad, zitiert nach R. Hilberg, *Die Quellen des Holocaust*, Frankfurt am Main 2002, S. 49).

2 Eric Johnson/Karl-Heinz Reuband, *What we knew. Terror, Mass Murder and Everyday Life in Nazi Germany.* London 2005, Karl-Heinz Reuband, *Das NS-Regime zwischen Akzeptanz und Ablehnung.* Geschichte und Gesellschaft, Jg. 32, Heft 3, 2006, Frank Bajohr/Dieter Pohl, *Der Holocaust als offenes Geheimnis. Die Deutschen, die NS-Führung und die Alliierten.* München 2006.

3 W.G. Sebald, *Luftkrieg und Literatur*, Frankfurt am Main 2001, S. 110.

4 Harald Welzer, Albert Speers Erinnerung an die Zukunft, in: Jürgen Straub (Hg.), *Erzählung, Identität und historisches Bewusstsein*, Frankfurt am Main 1998, S. 389–403.